Diogenes Taschenbuch 21494

François Villon
Lieder und Balladen

Das Kleine Testament
Die Balladen
Das Große Testament
Aus dem Französischen und mit
einem Nachwort von
K. L. Ammer

Diogenes

Die vorliegende Übersetzung erschien erstmals
1907 im Julius Zeitler Verlag, Leipzig
Nachdruck der Übersetzung mit freundlicher Genehmigung
des Gustav Kiepenheuer Verlages Leipzig und Weimar.
Umschlagillustration:
Hieronymus Bosch, ›Der Heuwagen‹,
um 1490 (Ausschnitt)

Veröffentlicht als Diogenes Taschenbuch 1987
Alle Rechte vorbehalten
Copyright © 1987
Diogenes Verlag AG Zürich
40/93/36/2
ISBN 3 257 21494 4

Inhalt

Das Kleine Testament 7
Die Balladen 21
Das Große Testament 35
Nachwort 119
Anmerkungen 123

DAS KLEINE TESTAMENT

I. Als ich, François Villon, noch ein Scholar
und fünfundzwanzig Jahre war,
hat freien Willens mein Verstand,
bar aller Leidenschaft, erkannt,
daß man betrachte, was man tat,
wie es Vegetius erzählt,
der Große mit dem weisen Rat,
sonst hat sein Leben man verfehlt.

II. Nun, wie gesagt, zu jener Zeit,
um Weihnachten, der toten Zeit,
in der der Wolf vom Sturmwind lebt,
und man sich in sein Haus vergräbt,
vor all dem Schnee, beim Ofenbrand:
begann in mir der Plan zu reifen,
das sehr verliebte Liebesband,
das mich beengte, abzustreifen.

III. Was um so williger geschah,
indem ich SIE vor Augen sah,
die, als man mich verhaun, gelacht,
was ihr doch nicht Gewinn gebracht.
Drum hört, was ich dem Himmel künde:
ich fordere Gerechtigkeit
für SIE, daß SIE Bestrafung finde,
und für mich Trost im Liebesleid.

IV. Doch all das kommt nur mir zugut.
Der süße Blick, der lieblich tut,
der falsche Schein, der Gunst bekundet
und mich dabei zu tiefst verwundet,

sie sind mir eben nichts als Schein.
Nun muß ich nach was anderm schauen,
wo anders meinen Samen streun,
und einen andern Schoß bebauen.

V. IHR Auge hat mein Herz bestochen
und dennoch ihm die Treu gebrochen.
SIE hatte alles des nicht acht,
SIE hat mich unglücklich gemacht,
SIE will mich selbst dem Tode weihn:
So bleibt mir nur mehr Flucht als Rettung.
Und ohne mir Gehör zu leihn,
bricht SIE die innige Verkettung!

VI. Mich den Gefahren zu entziehn,
acht ich fürs beste, zu entfliehn.
Ich weiß: ich wandre nach Angers.
Sie will mich nicht, nun denn ade,
noch hab ich alles nicht verloren!
Durch SIE verderb ich als Gesunder,
von allen den verliebten Toren
bin ich ein Liebestodeswunder.

VII. Wie sehr mich auch die Flucht betrübe,
was nützt es, wenn ich sie verschiebe?
Wie es mein armer Sinn erfaßt,
ist jetzt ein anderer ihr Gast.
Ein Pückling von Boulogne-sur-Mer,
er wäre drob nicht mehr verzagt.
Wie fällt mir dieses Scheiden schwer:
drum sei Dir, Gott, mein Leid geklagt!

VIII. Nun denn, so muß ich also wandern,
der Heimkehr ungewiß, zumal
ein Mensch ich bin wie alle andern
und nicht aus Eisen oder Stahl.
Das Leben ist so unbestimmt,
auf das der Tod nicht Rücksicht nimmt:
ich sehe mich in fernen Landen;
so sind die Strophen hier entstanden.

IX. Vorerst im Namen der Dreieinigkeit,
die über alle Welt gebeut,
und bei Mariä Namen, die
uns allen allzeit Schutz verlieh,
vermach ich Guillaume de Villon,
bei Gott dem Herren! meinen Ruhm,
daß er erschalle ihm zum Lohn,
mein Wappen und mein Rittertum.

X. Und item, IHR, die ich genannt,
die mich so herzlos weggejagt,
daß ich von aller Lust verbannt,
und jede Freude mir versagt,
vermache ich in Gold mein Herz,
das tote, bleiche, jammervolle:
denn SIE verursacht diesen Schmerz,
was IHR der Himmel lohnen wolle!

XI. Und item, Herrn Ythier Marchant,
der stets zu mir so obligeant
und der mir über alles wert,
vermache ich mein Ritterschwert.

>   Ich ließ es irgendwo zum Pfand
>   für eine Zeche von acht Sous,
>   er zahle, will er, kurzerhand,
>   dann fällt es ihm zu eigen zu.
>
> XII. Und item sei Blarru, dem Lieben,
>   das „Zebra"—Wirtshaus zugeschrieben,
>   und item mein Stammrestaurant
>   „Zum weißen Rössel" Saint-Amant.
>   Sodann erlaub ich den Pfarrein,
>   sich Pfarrerinnen zu erküren,
>   und setze sie in Rechte ein,
>   die ihnen kirchlich nicht gebühren.
>
> XIII. Sodann verfüg ich, daß so eh'
>   als möglich Herr Robert Vallée,
>   der, Diurnist im Parlament,
>   nicht Berg noch Tal sein eigen nennt,
>   sofort mein Beinkleid nehmen kann.
>   Ich mußt es irgendwo versetzen.
>   Löst er es aus, so kann sich dran
>   sein Liebchen Jeanne Millières ergötzen.
>
> XIV. Da er von edlem Stande ist,
>   doch auch zerstreut, und leicht vergißt,
>   so sei laut Testamentesspruch
>   ihm weiters zuerkannt ein Buch,
>   die „Ars memoriae", auf daß
>   ihn frommen Sinns der Heilige Geist
>   zurück zu seinem Tintenfaß,
>   falls er darauf vergäße, weist.

XV. Auch sei Vallée, den ich genannt,
ein letztes Erbe zuerkannt:
verkauft mein Panzerhemd, und mit
dem draus erstandenen Profit,
zumindest einem Teil davon,
kauft eine Bude für ihn an,
damit der Skribrifax für Lohn
den Leuten Briefe schreiben kann.

XVI. Und item, meinem Freund Cardon
laß ich als Gratifikation
mein Kapuzot aus reiner Seide,
die Eichelernte einer Weide,
tagtäglich ein Prälatenessen
von fetten Gänsen und Kapaunen,
zehn Fässer Wein, so weiß wie Daunen,
und eine Reihe von Prozessen.

XVII. Chevalier de Montigny-Regnier
geb ich drei Hunde zum Embleme,
und hundert Franks Jehan Raguier,
die man auf meine Güter nehme.
Allein nur dies gebt ihm zum Erbe,
falls ich vielleicht auch mehr erwerbe:
warum sich selber so beschränken
und seinen Freund zu reich beschenken!

XVIII. Dem Ritter de Grigny urkunde
ich in sein Wappenschild sechs Hunde
und überdies das Schloß Nigon
samt Turm und Mauern und Bastion;

hingegen Moutonnier, dem Diebe,
der mit ihm ewig prozessiert,
drei gutgemeinte Peitschenhiebe,
die man mit Spangen dann kuriert.

XIX. Herrn Jacques Raguier vermach ich gerne
die „Große Feigenbaum"-Taverne
und Barsche, Birnen, Kraut und Krapfen
umsonst im Loch zum „Tannenzapfen".
Gut eingehüllt und zugedeckt,
mag er sich's dort gemütlich machen,
die Füsse zum Kamin gesteckt;
wer drüber lachen will, mag lachen.

XX. Und item Maistre Bassanier
und Jean Moutaint, den strengen Richtern,
wünsch ich ein großes Renommé
bei Mördern, Räubern, Diebsgelichtern.
Und meinem Anwalt, Herrn Fournier,
von meinem Schuster ein paar Schuhe,
daß er im Schnee in größter Ruhe
mit ganz erfrornen Zehen geh.

XXI. Dem Metzger Jean Trouvé testiere
ich meinen Stock für seine Stiere
und meinen Strick für seine Kühe,
daß er sich nicht beim Treiben mühe.
Doch gibt er sie vielleicht zurück
und meint, ich wolle ihn nur necken,
so sei für seinen Hals der Strick
und für sein Hinterteil der Stecken.

XXII. Und item wünsch den Wachsoldaten
ich ganz verflixte Muritaten,
sie mögen viel Gelichter spüren
und in das Staatsgefängnis führen!
Nur sollen sie mich armen Schelm
nicht auch vielleicht dabei ertappen,
drum spende ich den Ritterhelm
dem Kommandanten für sein Wappen.

XXIII. Und item, Perennet Marchant,
Dem unverdroßnen Don Juan,
des Herkunft selber nur soso,
vermache ich mein Lagerstroh.
Er kann es in sein Zimmer streuen,
wenn es ihm nicht zu übel riecht,
und sich darauf der Liebe freuen —
denn etwas andres kann er nicht.

XXIV. Cholet, dem Fischer, und le Loup
erlaub ich, abends ab und zu
ein Entlein in den Mauergräben
auf ihrem Pürschgang auszuheben.
Dann weiters dürfen sie sich Kohlen
und Holz und Speck und Erbsen holen.
Und meine schon zerrißnen Schuh
vermach ich ihnen noch dazu.

XXV. Des weitern will ich nicht verfehlen
das Jammerschicksal dreier Armen
der Allgemeinheit zu empfehlen!
Drei arme Kinder, zum Erbarmen,

drei ganz verwaiste Hungerleider,
die ohne Nahrung, ohne Kleider,
die allerschlimmste Not bedräut.
wenn man nicht rasche Hilfe beut.

XXVI. Die dreie sind Laurens Colin,
Jehan Marceau, Girart Gossouyn;
die haben nichts, die armen Lumpen,
auch keine Freunde, die was pumpen.
Sie sollen sich drei Bündel machen
aus allen meinen Siebensachen
und sich vom Juden Geld drauf borgen,
damit sie für ihr Alter sorgen.

XXVII. Und item geb ich mein Dekret,
das von der Universität,
um unerquickliches Verdrießen
und alle Mißgunst auszuschließen,
zwei armen Schülern von Paris
als letztes Freundesangebind:
Mitleid mit ihnen rät mir dies,
weil sie so arme Schlucker sind.

XXVIII. Monsieur Guillaume Cotin heißt einer,
der andere heißt Thibault Victry.
Zwei arme geistliche Lateiner,
voll Sanftmut und voll Sympathie,
die keinem Menschen Schaden bringen
und ausgezeichnet Psalmen singen.
Der Zins sei ihnen zugemessen
von Häusern, die ich nie besessen!

XXIX. Und item schenk ich noch den beiden
den „Krummstab". Mögen sie entscheiden,
ob ich damit den Bischofstab,
ob ich damit das Wirtshaus gab.
Und weiters allen bösen Buben,
die eingesperrt in Kerkerstuben,
vermache ich mit mildem Sinn
die Gunst der Kerkermeisterin.

XXX. Und item, alle Spinneweben,
die nur an meinen Fenstern kleben,
vermache ich als Material
für Wundverbände dem Spital,
Und allen Trinkern, die beschwumpst
zum Schlaf aufs Plaster hingeplumpst
aufs Auge einen Pfifferling,
wenn achtlos wer vorüberging.

XXXI. Und item, meinem Hofbarbier
vermach ich meine Lockenzier;
und item, meine alten Schuh,
sie fallen meinem Schuster zu;
und meine Kleider nehm als Schenkung
mein Trödler, daß er damit handle,
nur mit der einzigen Beschränkung,
daß er sie nicht als neu vertandle.

XXXII. Und item wünsch ich Gottes Dienern,
den Carmelitern, Augustinern,
den Bettelmönchen, Jakobinern,
nie Mangel an Kapaun und Hühnern.

        Und wenn sie auch trotz Leckerbissen,
        und hie und da ein Nönnchen küssen,
        Kasteiung predigen — nanu,
        ich drücke gern ein Auge zu.

XXXIII. Und item, Herrn Jehan la Garde,
        dem jüngst sein Weibchen untreu ward,
        und zwar mit mir, verleih
        ich als Emblem ein Hirschgeweih.
        Doch jenem, der dies spionierte
        und mich dem Gatten denunzierte,
        dem wünsche ich die Höllenpest
        und alles mögliche Gebrest.

XXXIV. Und item sei laut Testament
        ein riesengroßes Osterei,
        das vollgefüllt mit Talern sei,
        Herrn Nikolas Louviers gegönnt.
        Und item wünsche ich Monsieur
        Pierre de Rousseville, Herrn auf Gouvieux,
        daß er des Nachts am grünen Tische
        recht viele Spielmarken erwische.

XXXV. Und grad, als ich vergnügt und still
        mein Testament beenden will,
        da höre ich vom Weiten
        die Abendglocke läuten.
        Um neun Uhr stets klingt ihr Geläute,
        sie ruft zum Angelusgebet.
        da lege ich den Kiel beiseite
        und bete, wie das Herz mir rät.

XXXVI. Allein es will mir nicht gelingen!
Ich weiß nicht, was mit mir geschah,
mein Geist liegt wie in festen Schlingen,
ich fühle Frau Memoria,
wie sie das Wesen meines Seins,
potentias collaterales
et alias intellectuales,
versperrt im Dunkel ihres Schreins.

XXXVII. Vor allem die exstimativa
und ihre Töchter prospectiva,
similativa, formativa,
und endlich die opinativa.
Wie oft kam, wenn sie fehlten, vor,
daß mancher den Verstand verlor:
ich habe vielemal ihr Wesen
bei Aristoteles gelesen.

XXXVIII. Das sämtliche Sensorium
geht mir in meinem Kopf herum
und treibt mit Sinnen und Gefühl
sein Höllenhexensabbatspiel.
Und dem Gesindel an der Spitze
macht Phantasia ihre Witze,
bis sich die Meute ausgetollt
und lachend sich von dannen trollt.

XXXIX. Und als vorüber die Gefahr,
und mein Gemüt beruhigt war,
da kam ich Gott sei Dank! zu Ende.
Denn ach! die Kerze ist zu Ende,

und meine Tinte ist gefroren,
und ausgeloschen der Kamin.
Ich zieh die Decke um die Ohren
und lege mich zum Schlafen hin.

XL. Geschrieben zu besagtem Datum
von Franz Villon als Ultimatum.
Er ißt nicht Feigen, Fleisch noch Fisch.
Schwarz, trocken wie ein Ofenwisch,
hat er nicht Wappenschild noch Zelt,
daß er den Freunden sie vermacht,
nur eine Handvoll schlechtes Geld,
und das ist auch bald durchgebracht.

DIE BALLADEN

DIE BITTSCHRIFT DIE VILLON DEM HERZOG VON BOURBON ÜBERREICHTE.

O Gnaden königliche Herrlichkeit,
Fleuron de Lys, aus Fürstenblut entsprungen,
François Villon, den jüngst bei einem Streit
die Not zu einem blinden Schuß gezwungen,
er bittet demutsvoll in dieser Schrift,
daß Ihr in Eurer Huld ihm etwas leiht.
Er ist zu jeder Dienstespflicht bereit
und hofft auf Dank, sofern ihm je ein Dienst gelungen.
Und ohne daß Euch weiterer Schaden trifft,
verliert Ihr höchstens nur die Wartezeit!

Noch keinen Fürsten hat er angegangen,
nur Euch, als tiefergebner Untertan.
Die sieben Taler, die er einst von Euch empfangen,
die legte er schon längst in Essen an.
Er zahlt auf einmal alles, wie es billig,
doch nicht zu rasch und leichtsinnig, verzeiht:
wenn bei Patay der Tannwald Eicheln trägt,
und man Kastanien zum Verkauf dort legt!
Und zahlt er Euch dann ungesäumt und willig,
verliert Ihr höchstens nur die Wartezeit!

Ach könnte ich Gesundheit oder Leben
verkaufen, wär es einem Wucherer feil,
mir hat schon oft die Geldnot eingegeben,
ich soll es tun, ich fände drin mein Heil!
Kein Kreuzer Geld in Sack und Gürtel, wehe!

Herr Gott, wie oft muß ich mich ärgern, weil
ich nichts als *Kreuze* sehe weit und breit.
Doch gebt Ihr mir einmal Gelegenheit,
daß ich auch echte gute *Kreuzer* sehe,
verliert Ihr höchstens nur die Wartezeit!

GELEIT.

O Herr, der Ihr dem Guten Hilfe leiht,
was glaubt Ihr, wie mir dies mißfällt,
die ewig gleiche Unzufriedenheit?
Und helft Ihr mir und leihet Ihr mir Geld,
verliert Ihr höchstens nur die Wartezeit!

NACHSCHRIFT ZU BESAGTER
BITTSCHRIFT.

Flieget, Zeilen, eilet fort:
habt ihr auch nicht Fuß noch Wort:
zeigt dem Fürsten ungescheut,
wie die Geldnot mich bedräut.

EPISTEL AN SEINE FREUNDE,
IN BALLADENFORM.

Nun hört die Stimme, die um Mitleid ruft;
Villon liegt hier nicht unter Hagedorn,
nicht unter Buchen, nein, in einer Gruft!
Hieher verschlug ihn des Geschickes Zorn,
und Gott, Gott hat ihm nicht gewehrt.
Ihr Mädchen, Jünger, Tändler und Novizen,
ihr Possenreißer, die ihr tanzt und springt,
so schnell wie Pfeile, scharf wie Lanzenspitzen,
ihr Jungen, die ihr hell wie Glocken klingt,
ihr wollt, daß seine Marter ewig währt?

Ihr, die ihr singt, wie's euch gefällt, ihr Sänger,
ihr scherz- und spott- und lachendes Gelichter,
ihr falschen Münzen, Steiger, Müßiggänger,
ihr Geisteskinder, trüben Kirchenlichter,
verweilt, daß ihr mein letztes Wort noch hört.
Ihr Dichter von Rondeaux und Melodien,
ist er gestorben, kocht euch Eierwein;
zu ihm dringt weder Blitz noch Sturmwind hin,
und dicke Mauern schließen ihn fest ein —
ihr wollt, daß seine Marter ewig währt?

Drum kommt und seht, wie es ihm elend geht,
ihr Priester, frei von Steuern und Zehent,
die ihr als oberste Autorität
nur Gott im Himmel anerkennt.
Fünf Fasten sind ihm wöchentlich beschert,

und seine Zähne sind so lang wie Rechen.
Und keine Kuchen, nein, zu trocknem Brot
kann er, soviel er Lust hat, Wasser zechen,
als Tisch steht ihm die Erde zu Gebot:
ihr wollt, daß seine Marter ewig währt?

GEBET.

Ihr Herrn und Kameraden, alt und jung,
erwirkt beim König ihm Begnadigung
und schickt sie ihm dann zu, daß er's erfährt.
Wie es die Schweine machen, die in Haufen
bei einem Lärm, eins hinterm andern, laufen.
Ihr wollt, daß seine Marter ewig währt?

VIERZEILER DEN VILLON MACHTE, ALS ER ZUM TOD VERURTEILT WURDE.

Ich bin Franzose, was mich bitter kränkt,
geboren in Paris, das bei Pontoise liegt,
an einem klafterlangen Strick gehenkt,
und spür am Hals, wie schwer mein Hintern wiegt.

GRABSCHRIFT IN FORM EINER BALLADE DIE VILLON FÜR SICH UND SEINE KUMPANE GEMACHT, ALS ER ERWARTETE, MIT IHNEN GEHÄNGT ZU WERDEN.

Ihr Menschenbrüder, die ihr nach uns lebt,
laßt euer Herz nicht gegen uns verhärten,
denn alles Mitgefühl, das ihr uns gebt,
wird Gott dereinst euch um so höher werten.
Ihr seht uns hier gehängt, fünf, sechs Gefährten:
und wenn das Fleisch, das wir zu gut genährt,
verfault sein wird, von Elstern ganz verzehrt,
und wir Skelette, Asche, Staub und Bein —
dann haltet uns mehr als des Spottes wert
und bittet Gott, er möge uns verzeihn!

Das eine, Brüder, bitten wir: habt dann
vor uns nicht Abscheu, weil uns das Gericht
den Garaus machte. Weiß doch jedermann:
gesetzten Sinnes sind wir alle nicht.
Und sind wir tot, seid nicht auf uns erbost,
legt Fürsprach bei dem Sohn Mariens ein,
daß unsre Seele flieh der Höllenpein,
und nicht versiege seiner Gnade Trost,
und bittet Gott, er möge uns verzeihn!

Der Regen wäscht uns ab und spült uns rein,
die Sonne trocknet uns, und dörrt uns braun,
die Raben hacken uns die Augen ein
und Elstern rupfen Bart und Augenbraun.

Und niemals sind wir festgehängt und wiegen
bald hin, bald her, so wie im Übermut
der Wind mit uns sein Spiel treibt zum Vergnügen,
zerpickt von Vögeln wie ein Fingerhut.
Drum, Brüder, laßt euch dies zur Lehre sein
und bittet Gott, er möge uns verzeihn!

GELEIT.

O Jesus, der du Herr bist von uns allen,
verhüte, daß der Hölle wir verfallen.
Ihm stehn wir Rechenschaft, nur ihm allein.
Hier, Menschen, lasset allen Leichtsinn fallen
und bittet Gott, er möge uns verzeihn!

DER REKURS VILLONS, DEM PARLAMENT ÜBERREICHT, IN FORM EINER BALLADE.

Ihr meine Sinne alle, Mund und Ohren,
Gefühl und Nase und Gesicht,
an seinem Orte spricht
ein jedes Glied, dem Tadel eingeboren:
„Durch das wir sind, verehrungswürdiges Gericht,
das uns bewahrt vor Fehl und gegen Mängel,
Die Sprache hat genügend Worte nicht,
die deinem Ruhm gebührend Ehre brächten:
erhöre uns, du Schwester der gebenedeiten Engel,
du Tochter Gottes, Mutter der Gerechten!"

Ihr Herzen, spaltet euch mit einem Schwerte
und seid zumindest nicht so hart
wie in der Wüste jenes dunklen Felsens Härte,
bis Moses eine Quelle draus geoffenbart.
Ihr seid willkommen, darum fließt, ihr Tränen,
euch ruft mein Herz mit seinem Sehnen!
Sie loben dich, du Eins mit Himmelsmächten,
du Schöpfung Frankreichs, Parlament,
du Hort der Armen, Leuchte, die am Himmel brennt,
du Tochter Gottes, Mutter der Gerechten!

Ihr Zähne sollt aus euern Lagern treten,
des Kauns vergessen, aus den Kiefern springen,
um herrlicher als Glocken, Orgeln und Trompeten
ein hohes Lied des Ruhms zu singen.
Ihr, Lunge, Leber, Milz, die jetzt vermodern möchten,

wenn nicht das Parlament geholfen hätte,
und du, mein Körper, der du häßlich bist
gleich einem Schwein im Schlamme, wie ein Bär im Mist,
sie loben dich, du Heil, du Ruhestätte,
du Tochter Gottes, Mutter der Gerechten!

GELEIT.

Herr, gebt mir Fristzeit von drei Tagen und drei Nächten,
der Abschied von den Meinen ist's, der mich noch hält,
und dann die Sorge um ein Reisegeld.
Gewähre, Parlament, sofern es dir gefällt,
du Tochter Gottes, Mutter der Gerechten!

BALLADE VOM APPELL VILLONS.

Garnier, was sagt Ihr zu meinem Appell?
Tat ich recht oder unrecht, sagt?
Ein jedes Tierchen verteidigt sein Fell,
wenn man es martert und plagt.
Sobald es nur kann, macht es sich frei.
Und als man mir solcherlei Grabmelodei
schadenfroh höhnisch gelesen,
wär Schweigen am Platze gewesen?

Wär ich ein Nachkomme Hugo Capets,
der ja von Fleischhauern stammt,
hätte mich nie das Gericht des Châtelets
zur Wasserprobe verdammt.
Garnier, Ihr versteht ja doch sicher auch Spaß —
doch als man mein Urteil, und grade das
tückisch und höhnisch verlesen,
wär Schweigen am Platze gewesen?

Und habt Ihr auch noch so wenig im Kopf
Grütze zum Philosophieren,
wärt Ihr in diesem Fall so ein Tropf,
nicht zu appellieren?
Drum tat ich's, und glaubt mir, wie nützlich das war!
Und hätte Euch grinsend ein dummer Notar
das Todesurteil verlesen,
wär Schweigen am Platze gewesen?

GELEIT.

Herr, wäre ich damals an Pips erkrankt,
so wär ich jetzt wohl wie ein Besen,
der über der Wirtshaustür baumelt und schwankt.
Wär Schweigen am Platze gewesen?

DAS GROSSE TESTAMENT

I. Ich war grad dreißig Jahre alt
und hatte Strafen mannigfalt
und Leid auf mich heraufbeschworen
und jedes Schamgefühl verloren.
Das alles danke ich den Händen
des Bischofs Thibaut d'Aussigny:
statt daß sie milde Segen spenden,
verfolgen sie und strafen sie!

II. Was geht er mich denn schließlich an?
Er hat mir nie was Guts getan,
ist nicht mein Herr, mein Bischof nicht,
ich schuld ihm keine Lehenspflicht.
Nur Brot und Wasser gab's zu schmausen,
vor Hitz und Hunger starb ich schier,
selbst reich, wußt er mit mir zu knausen.
Sei Gott mit ihm, wie er mit mir!

III. Doch wenn mich jemand mißverstände
und diese Worte strafbar fände,
er achte, daß er mich verstehe,
und glaube ja nicht, daß ich schmähe.
Was ich dem Bischof wünsche, ist:
die Gnade, die er *mir* bewies,
die schenke *ihm* im Paradies
an Leib und Seele Jesus Christ!

IV. Und wenn er streng war und mich quälte
zu sehr, als daß ich's hier erzählte,
so übe Gott, der Herr der Welt,
an ihm ein ähnliches Entgelt!...

Und da die Kirche uns verkündigt,
man soll für seine Feinde beten,
so bete ich: „Was er gesündigt
an mir, mög er vor Gott vertreten!"

V. Ich wollt, ein rechtsgelehrter Mann
nähm meiner sich im Himmel an.
Seit je ist mir Gebetbuchlesen,
wie jedes Buch, verhaßt gewesen.
Und wenn ich betete, war's meist
nur mit dem Mund, nicht mit dem Geist.
Mein Gott, es ist ja so der Brauch!
Der Bischof tut's wahrscheinlich auch.

VI. Will er sich mein Gebet erkaufen,
so soll er mich noch einmal taufen:
Wenn er nicht jedem Chrysam spendet,
bei mir ist so was nie verschwendet.
Und schenkt er doch mir nicht Gewähr,
so nehme er die Bibel her
und lese gütigst mit Bedacht
vom hundertneunten Psalm Vers acht.

VII. So bete ich zum Gottessohn,
in jeder Drangsal mein Patron,
DER mich bewahrt vor vielem Leid
und mich aus roher Hand befreit,
So bet ich, daß er mir Vertrauen
und gnädiges Gehör gewähre:
Lob IHM und Unsrer lieben Frauen,
und König Ludwig Ruhm und Ehre!

VIII. Ihm werde Jakobs Glück zum Lohn
und Glanz und Ruhm des Salomon.
Zum Heldenwerk, das er vollbracht,
geselle sich noch Pracht und Macht!
Und endlich möge ausserdem
zu tausendjährigem Gedenken
ihm Gott ein langes Leben schenken,
so lange wie Methusalem!

IX. Und zwölf vielschöne Mannessprosse,
erzeugt in ehelichem Schoße
aus seinem königlichen Blut,
voll Rittertum und Heldenmut
wie weiland Kaiser Karl der Große,
und wie St. Martial fromm und gut.
Das wünsch ich ihm und überdies
nach seinem Tod das Paradies.

X. Ich spür an mir schon lang ein Schwinden
an Geld sowohl, wie Wohlbefinden,
allein mein Geist ist frisch, das heißt
das bißchen gottgeschenkte Geist,
weil ich bei andern niemals borge.
Drum hab ich mir zum Ziel gesetzt,
daß als Vermächtnis ich zuletzt
hiemit mein Testament besorge.

XI. Ich schrieb es in dem Jahr, als mich
der König Ludwig gnädiglich
aus Meungs Gefängnis freigegeben,
und so mir schenkte Welt und Leben.

Drum, gnadenreicher Fürst, gedenke
ich dankbar dein mein Leben lang,
so lang dir Gott das Leben schenke.
Denn Wohltat finde ihren Dank.

XII. Und was nach allen Jammertönen,
nach all den Klagen, all dem Stöhnen,
nach all der Trauer, all den Plagen,
nach all den schweren Wandertagen —
was schliff mein schwankes Fühlen rein
gleich einem runden Edelstein?
Verlieh die Wissenschaft mir Rat?
Es war die Arbeit, die dies tat!

XIII. Und wenn es mir recht schlecht erging,
ich ohne einen Pfifferling
einherzog, führte Gottes Finger,
sowie vor Emaus einst die Jünger,
mich wo zu einer guten Stadt,
daß sich mein Hoffen froh erneut.
Wie sehr der Mensch gesündigt hat,
Gott liebt ihn, wenn er es bereut.

XIV. Wie oft verletzt ich sein Gebot!
Und doch will Gott nicht meinen Tod,
will mir sein Glück und Heil verkünden
und warnt mich vor dem Tod in Sünden.
Wie viele Menschen starben schon
in ihrer Sünden Maienblüte!
Allein Gott lebt, und seine Vatergüte
schenkt meiner Schuld Absolution.

XV. Schon im „Romane von der Rose"
steht gleich zu Anfang eine Gnose:
„Man richte jugendlich Geblüt,
wenn man's im Alter wiedersieht,
ob seiner Jugend nicht mit Strenge."
Darum vergönn mir jedermann,
wie sehr er mich auch jetzt bedränge.
daß ich in Frieden sterben kann.

XVI. Wenn irgendwie durch meinen Tod
der Welt vielleicht geholfen wäre,
ich würde selbst mich zum Schaffot
verdammen, ja, bei meiner Ehre!
Doch hat es leider keinen Zweck,
ich weiß, daß es nichts nützen kann:
Die Berge rühren nicht vom Fleck
für einen armen Bettelmann.

XVII. Als Alexander noch regiert,
da ward vor ihn ein Mann geführt,
mit Namen Diomedes, Hand
und Fuß in Fesseln eingespannt,
wie einem Dieb; er war Pirat.
So brachte man den Mordgesellen
dem König, seiner Missetat
gerechten Todesspruch zu fällen.

XVIII. Der König fragte nun den Mann:
„Warum bist du Pirat, sag an?"
Da sprach der andre auf die Frage:
„Was nennst du mich Piraten, sage?

Weil ich mit meinem Boot ein wenig
Die Meere säubre und die Küsten?
Könnt ich wie du zum Kriege rüsten,
dann wäre ich wie du ein König.

XIX. Was willst du? Mein Geschick — da kann
ich füglich nicht dagegen an —
treibt grade mich zu *dem* Gewerbe,
ob es mich auch vielleicht verderbe.
Du brauchst mir keine Gnaden schenken,
doch ist es allgemein bekannt:
die Armut trägt nicht viel Bedenken,
für sich zu nehmen, was sie fand."

XX. Als Alexander dies vernommen,
da sagte er dem Mann sofort:
„Ich will dein Schicksal dir zu frommen
verwandeln". Und er hielt sein Wort.
Doch Diomedes war fortan
sein treuer tapfrer Untertan.
Der große Römer Cicero
erzählt uns die Geschichte so.

XXI. Wenn Gott *mir* solch ein Glück erwiese,
mich einen König finden ließe,
der mir wie jenem Glück verleihn will
und mich von allem Harm befrein will,
ich hätte frischweg alsobald
für mich den Feuertod begehrt.
Die Not ist's, die uns Härte lehrt,
sie lockt den Wolf selbst aus dem Wald.

XXII. Wo ist die schöne Jugendzeit
　　　Mit ihrer tollen Fröhlichkeit?
　　　Kaum ahnt ich es, ist sie entwichen
　　　und hat das Alter mich beschlichen.
　　　Sie ist entschwunden über Nacht,
　　　ich weiß nicht wie, ich kann's nicht fassen.
　　　Sie hat sich stracks davongemacht
　　　und mir kein Angebind gelassen.

XXIII. Sie ist dahin, ich blieb zurück,
　　　 an Wissen arm und arm an Glück,
　　　 betrübt und zaghaft, ohne Mut,
　　　 verarmt und ohne Geld und Gut.
　　　 Und keinem meiner Freunde kommt
　　　 es auch nur einmal in den Sinn,
　　　 daß er was täte, was mir frommt,
　　　 weil ich ein armer Teufel bin.

XXIV. Ich hab auf schlemmerhaftes Leben
　　　 nicht allzuviel Geld ausgegeben,
　　　 so wenig war's, was ich mir gönnte,
　　　 daß mir's nicht jeder leihen könnte
　　　 und es dabei im Säckel spürt.
　　　 Das tat ich. Ich gesteh es ein,
　　　 ganz ohne Scham und frei. Allein
　　　 wer's *nicht* getan, sag's ungeniert.

XXV. Es ist ja wahr, ich hab geliebt
　　　und hätte gern es fortgeübt.
　　　Allein mein ungefüllter Magen
　　　hat nichts als Hunger zu ertragen

und mir mein armes Herz betrübt.
Ein reicher Handelsherre tut
sich jetzt an meiner Liebe gut.
Denn Liebe findet nur, wer gibt.

XXVI. Wenn in der Jugend ich studiert
und sittsamlich mich aufgeführt
und nicht so viel gelottert hätte,
so hätt ich jetzo Haus und Bette!
Der Schule wußt ich fern zu bleiben,
wie's recht mißratne Buben tun.
Wenn ich dran denke, jetzt beim Schreiben,
wie sehr bereue ich es nun!

XXVII. Des Weisen Worte, die da sagen:
„Sei froh in deinen Jugendtagen",
die hab ich allzu unentwegt
zu meinen Gunsten ausgelegt,
und eines andern Spruches nicht
gedacht, der also warnend spricht:
„Denn Jugend sind und Fröhlichkeit
nur eitel Trug und Nichtigkeit".

XXVIII. Wie Job floh mir das Leben hin,
sowie die Weberfäden ziehn,
die mit der nimmermüden Hand
der Weber von der Spule spannt:
und so wie er die Fäden zieht
und knüpft, wenn etwas reißen will,
so fürcht auch ich nicht, daß mir was geschieht,
denn nach dem Tod wird alles still.

XXIX. Wo sind die traulichen Gefährten,
  die seinerzeit mit mir verkehrten,
  so froh gesungen und gelacht
  und allen Ernst zu Scherz gemacht?
  Teils sind sie tot und starr, die Lieben,
  und nichts von ihnen blieb zurück —
  o Herr, schenk ihnen Himmelsglück
  und Segen mir, der ich geblieben!

XXX. Doch andre meiner Spielgesellen
  erreichten Ämter, hohe Stellen.
  Und andere sind Bettelleute,
  des Hungers und des Elends Beute.
  Und schließlich wurden andre wieder
  Karthäuser, Mönche, Ordensbrüder
  und Lain beim Celestinerorden.
  Wie vielerlei sind sie geworden.

XXXI. Den großen Herren sei ein Leben
  in Ruh und Fried von Gott gegeben.
  Ihr Leben ist das gleiche stetig,
  drum ist's nicht zu besprechen nötig.
  Doch mir, der ich gar nichts besitze,
  mir möge Gott Geduld bescheiden,
  denn die, die keinen Mangel leiden,
  die haben reichlich Kraut und Grütze.

XXXII. Sie haben Weine auf dem Tische
  und Brühen, Suppen, Fleisch und Fische,
  und Torten, Fladen, Eier, Saucen,
  ein Vielerlei von guten Chosen.

Wie schön: ihr einziger Robot:
daß jeder ißt für sich allein.
Ja auch ein Mundschenk tut nicht not:
es schänkt sich jeder selber ein.

XXXIII. Wenn mir sonach kein Glück erblüht,
so war ich eignen Glückes Schmied.
Ich bin kein Richter, bin kein Mann,
der Missetaten sühnen kann.
Ich bin wohl omnium ultimus!
Gelobt seist du, Herr Jesu Christ!
Durch mich sei alles abgebüßt.
Was ich geschrieben, bleibt — und Schluß!.

XXXIV. Doch lassen wir das Thema fallen,
denn es behagt und liegt nicht allen.
Es ist zu fad und wenig schön,
laßt uns zu Schönerm übergehn,
denn Armut ist ein schweres Joch,
in ihr keimt Groll und wuchert fort,
wie oft sagt sie ein hartes Wort.
Und schweigt sie auch, so denkt sie's doch.

XXXV. Ich bin ein Kind von niedrem Blut,
von armen Leuten arme Brut.
Und auch mein Ahn Horatius
vermacht uns keinen Überfluß.
Nur Armut, die ist unser Teil
und aller meiner Ahnen Grab
— schenk ihnen Gnade, Gott, und Heil! —
ziert Krone nicht noch Szepterstab

XXXVI. Wenn über Armut ich wehklagte,
geschah's oft, daß das Herz mir sagte:
„Mensch, klage nicht, daß du so arm,
und quäl mich nicht mit solchem Harm.
Denn besser ist's, sich ohne Habe
in grobem Rock der Welt zu freun,
als wie als großer Herr im Grabe
ein Festschmaus dem Gewürm zu sein!"

XXXVII. Als großer Herr? O Gott, fürwahr!
Nicht, wenn man's *ist*, wenn man es *war!*
Dann ist von einem jede Kunde,
wie David sagt, fortan verschwunden.
Ich brauche nur ein Grab, mehr nicht,
mir Sünder ziemt kein Überfluß,
ein Grab ist jedes Christen Pflicht,
das jeder Pfarrer geben muß.

XXXVIII. Ich bin, wohl sei es überlegt,
kein Königssohn, der Kronen trägt.
Mein Vater ist schon lang verschieden —
o Gott im Himmel, schenk ihm Frieden!
Sein Irdisches ruht unter Fliesen...
Auch meine Mutter wird ja sterben,
— die arme Frau, sie muß es wissen —
und auch ihr Sohn, der muß verderben.

XXXIX. Ich kenne Menschen mannigfalt,
so klug als dumm, so jung als alt,
so schön als häßlich, groß und klein,
so reich als dürftig, Priester, Lain,

Hofdamen mit gesäumten Kragen
und Fraun von mancherlei Geblüt,
die stolz den hohen Kopfschmuck tragen —
der Tod kennt keinen Unterschied.

XL. Auch Paris, Helena sind tot.
Ein jeder stirbt den Schmerzenstod,
daß ihm der Atemhauch vergeht,
und sich in ihm sein Innres dreht.
Er liegt in Angstschweiß, daß er weint,
kein Mensch ist, der ihm Lindrung brächte:
kein Bruder kann es und kein Freund,
daß er ihm beizustehn vermöchte.

XLI. Der Tod macht zittern und erbleichen,
die Nase krümmen, Fleisch erweichen,
die Ader platzt, der Nacken schwillt,
Gelenk und Nerve wächst und quillt.
Du Frauenleib, so zart und weich,
so kostbar, glatt und makellos,
auch dich erwartet dieses Los,
auch du versinkst ins Schattenreich?

BALLADE VON DEN FRAUEN
VERGANGENER ZEITEN.

Saget an, in welchem Land
Flora ist, die Römerin,
Archipiada, nah verwandt
Thaïs, sagt, wo sind sie hin?
Echo, die den Teich entlang
und am Bache Antwort sang,
welche Schönheit hat den Tod verwunden?
Ach, sie sind wie der Schnee vom Vorjahr verschwunden!

Heloïse, wo ist sie,
um die Abälard entmannt
Klausner ward in St. Dénis?
Dies der Lohn, den Liebe fand.
Und die Buridan sich schenkte
und ihn in der Seine ertränkte,
wo ist Margarit, die Königin?
Ach, sie sind wie der Schnee vom Vorjahr dahin!

Königin Blanca mit der süßen
Stimme Klang, die Liliengleiche,
Berta mit den großen Füßen,
Eremburg, die Güterreiche,
und Jeanne d'Arc von Orléans,
die verbrannt ward in Rouen —
sag, wo sind sie, Himmelskönigin?
Ach, sie sind wie der Schnee vom Vorjahr dahin!

GELEIT.

Fragt nach Wochen nicht, noch Jahren,
wo sie sind, noch wo sie waren,
sonst bleibt immer Euch im Sinn:
Ach, sie sind wie der Schnee vom Vorjahr dahin!

XLII. Wie viele Päpste, Fürsten, Prinzen,
im Schoß von Fürstinnen empfangen,
sie sind erstarrt, dahingegangen,
und andre herrschen jetzt in den Provinzen.
Ich Bettler, dürftig und verstoßen,
sterb ich nicht auch? Wie Gott gebot!
Wenn ich mein Leben durchgenossen,
füg ich mich gerne in den Tod.

XLIII. Denn diese Welt ist wandelbar,
das wird sogar dem Reichsten klar.
Wir alle stehn in Todes Hand.
Wie manchem, der als junger Fant
als gern gesehner Witzbold galt,
geschah's, daß man ihn toll erachte,
wenn er, sobald er einmal alt,
dieselben Jugendstreiche machte.

XLIV. Und mancher greift zum Bettelstab,
den ihm die Not zu Händen gab.
Er wünscht, daß er gestorben wär,
und Trauer drückt sein Herz so sehr,
daß er, hätt er nicht Angst vor Gott,
gar schwere Missetat vollbrächte,
und leidet unter Hohn und Spott,
und selbst den Tod sich geben möchte.

XLV. Denn was im Jugendmut gefiel,
das wird im Alter albern Spiel.
Ein alter Aff ist stets verhaßt,
er macht ein Maul, das niemand paßt.

Und schweigt er, um sich brav zu zeigen,
so heißt es; „So ein dummer Stock!"
Und spricht er, heißt man ihn zu schweigen,
und sagt, er sei ein schlapper Bock.

XLVI. Und auch die armen kleinen Fraun,
die, wenn sie alt, nicht haben was zu kaun,
wenn sie so junge Dinger sehn,
die stolz in Samt und Seide gehn,
so klagen sie Gott an, warum
er sie ließ altern vor der Zeit.
Und Gott verhält sich still und stumm,
denn er verlöre bei dem Streit.

DIE KLAGE DER SCHÖNEN HELMSCHMIEDGATTIN.

Nun habet alle acht und hört
 der schönen Helmschmiedgattin Klagen,
wie ihre Tochter sie belehrt.
Und also fing sie an zu sagen:
„Was stelltest du so früh dich ein,
du Greisenalter, hart und trübe?
Wer will mein Trost und Retter sein,
daß ich an mir nicht Selbstmord übe?

Du nahmst mir meine Zauberkraft,
die meine Schönheit mir erkoren
auf die gesamte Männerschaft:
Denn einstens war kein Mann geboren,
der mir nicht gab, was er besaß,
wie sehr es ihn auch später reute,
und manchem ließ ich nur mehr das,
was selbst verschmähn die Bettelleute.

Wie manchem hab ich mich verwehrt
— wie sehr reut jetzt mich dies Gebahren —
weil mich ein Tunichtgut begehrt,
bei dem ich nicht tat Liebe sparen.
Weiß Gott, wie *der* grad dazu kam,
weiß Gott, daß ich ihm Treue übte!
Obgleich er sich nur grob benahm
und mich nur Geldes wegen liebte.

Wie hat er nicht herumgekeift,
verlangt, daß ich ihn lieben müsse,
mich auf dem Rücken umgeschleift
und rüd begehrt, daß ich ihn küsse —
ach wie werd ich dies Leid vergessen!
Dem Vielfraß dient ich nur zum Tande...
Nun hab ich kaum etwas zu essen,
was blieb mir übrig? Schmach und Schande.

Nun ist er tot, schon dreißig Jahr,
ich blieb zurück mit grauen Haaren,
Wenn ich dran denke, wie ich war,
und was ich ward in all den Jahren,
wenn ich mich nackt im Spiegel schau
und muß mich so verändern sehen,
vertrocknet, mager, dürr und grau —
so will ich fast vor Wut vergehen.

Was blieb von meiner Pracht zurück,
von meinen Brauen, fein gezogen,
von meinem süßen hübschen Blick,
von meinem breiten Nasenbogen,
von meinem seidnen blonden Haar,
von meinen Ohren, zart und klein,
von meinem Wunderlippenpaar,
von meinem Antlitz, klar und rein?

Und meine Schultern, schmal und fein,
die Hüften, die sich üppig straffen,
und meine Tüttchen, fest und klein
so wohlgeartet und geschaffen,

daß mancher Mann dran Feuer fing,
die breiten Lenden, und im harten
elastischen Fleisch das süße Ding
in seinem kleinen Liebesgarten?

Die Stirn gefurcht, das Haar ergraut,
die hellen Augen eingesunken,
die einst so lachend dreingeschaut,
die einst so vielen zugewunken,
die Nase krumm und schönheitbar,
der Blick erloschen, tot und wirr,
die Ohren schlaff und voller Haar,
das Kinn gespitzt, die Lippen dürr,

die Schultern bucklig, welk die Hand,
die Brüstchen ledern, eingefallen,
die Arme schlapp und abgespannt,
das blieb mir übrig von dem allen?
Mein süßes Ding? O pfui, o Schmach!
Der Garten struppig wie' ne Bürste,
Die einst so prallen Beine schwach
und runzlig wie zwei alte Würste.

So schleichen müde wir einher
in unsern alten Filzpantoffeln
und sitzen wie ein Hexenheer,
in einem Haufen wie Kartoffeln,
gehockt um einen Unkrautbrand,
in den wir traurig weinend schauen,
und denken, wie die Jugend schwand ...
ach Gott, wir armen alten Frauen!"

BALLADE DER SCHÖNEN HELM-SCHMIEDGATTIN. DEN FREUDEN-MÄDCHEN.

Du hübsche Handschuhmacherin,
du hast ja meinen Rat begehrt,
und Blanche, du schöne Schusterin,
erkennet, Mädchen, euren Wert.
Ich bitt euch, schont mir keinen Mann,
greift zu, so oft es euch gefällt,
im Alter sieht euch niemand an,
wie eine Münze schlechtes Geld.

Du zierliche Wurstmacherin,
die du zum Tanzen so gewandt,
Guillemette, du Tapeziererin,
halt deinen Mann in fester Hand.
Nach eurem Bett ist kein Begehr,
wenn euch das Alter einst befällt,
selbst Bettlern geltet ihr nicht mehr
wie eine Münze schlechtes Geld.

Und du, Jeanneton, Hutmacherin,
sorg, daß dein Freund dich nicht verlasse.
Catherine, du Beutelnäherin,
schick keinen Mann mehr auf die Gasse.
Ist man nicht schön, so hat bei allen
man nur mehr Lachen zum Entgelt,
das Alter findet kein Gefallen,
wie eine Münze schlechtes Geld.

GELEIT.

Drum, Mädchen, merkt euch wohl und hört
mein Klagen und mein mahnend Wort:
im Alter wirft euch jeder fort
wie eine Münze ohne Wert.

XLVII. So pflegt die jungen Kurtisanen
die alte Phryne zu ermahnen.
Ob gut, ob schlecht, was dran auch sei,
mir hat die ganze Litanei
mein Zechgesell Fremin notiert.
Jetzt tut er ernst und lobesam.
Doch wenn er sich für mich geniert:
der Apfel fällt nicht weit vom Stamm!

XLVIII. Nun seh ich, welche Fährlichkeiten
verliebte Männer sich bereiten . . .
Und wer mir drob Vorwürfe macht,
dem sag ich: „Freund, hör zu, gib acht!
Bist du in solche Fraun verliebt
und willst auf ihre Tugend baun,
das ist das Dümmste, was es gibt,
denn das sind schlechtverrufne Fraun.

XLIX. Und sind sie nur für Geld bereit,
so liebt man sie nur nach der Zeit.
Sie sind mit jedem traut und freund
und lachen, wenn die Börse weint.
Zwar viele lieben solche Damen,
doch ist es Ehrenmannes Pflicht,
nur Fraun von Ehre, Zucht und Namen
zu huldigen; doch andern nicht."

L. Ich glaube, jeder sagt dies wohl,
sofern er mir gefallen soll.
Und er spricht recht und gut fürwahr,
denn mir wie jedem ist es klar:

man soll nur denen Liebe schenken,
die wahrer Liebe würdig sind.
Doch wenn wir es genau bedenken:
was war die Metze denn als Kind?

LI. Da war sie rein und tugendsam
und frei von jeder Schmach und Scham.
Und so beginnt's beinahe immer,
daß anfangs so ein Frauenzimmer
mit einem Liebhaber charmiert,
ganz gleichgültig, wen sie erwischt,
die heißen Liebesflammen lischt,
und dann zum Schlusse Metze wird.

LII. Vorerst tut man sich etwas vor
und dann ist man sehr bald d'accord
und eilt mit dem Galan sofort
zum Feste an verschwiegnem Ort.
Doch bald ist diese Liebe hin:
denn eine, die sich rasch ergibt,
verdrießt bald der, den sie geliebt,
und wird sehr bald mit jedem ziehn.

LIII. Und warum sie das tun? Je nun,
ich fürchte Unrecht nicht zu tun,
es liegt schon in der Frau begründet,
daß sie nie sattsam Liebe findet.
Drum sagt ein altes Sprichwort auch
— es ist in Reims und Lille der Brauch,
und auch in Troyes — der Stiere viere
ziehn besser an als nur zwei Stiere.

LIV. Der Mann genießt wohl nicht so viel
als wie die Frau beim Liebesspiel.
Und *was ist* aller Liebe Schluß?
Daß um ein Ständchen, einen Kuß
jedwedes Glück und Recht gebrochen!
„O Vögel, Hunde, Waffen, Herzen",
hat mancher unbedacht gesprochen,
„für wenig Freude tausend Schmerzen!"

BALLADE VON DEN TORHEITEN
DER LIEBE.

Drum liebt, solang ihr immer mögt,
und lauft zu Fest und Stelldichein,
das Ende wird doch immer sein,
daß man euch blaue Schädel schlägt.
Denkt an den König Salomon
und Simson, der so schnöd geendet:
durch Liebe wird der Mann verblendet,
beneidenswert, wer frei davon.

Und Orpheus mit dem süßen Mund,
der Gott der Flöte und der Leier,
er scheute nicht das Ungeheuer
und stellte sich dem Höllenhund.
Jedoch Narciss, der Göttersohn,
er mußte sein Geschick erfüllen
im Strom, um seiner Liebe willen ...
Beneidenswert, wer frei davon.

Sardanapal, er wurde Weib,
trug Frauenkleider, tat nur spinnen,
und unter seinen Dienerinnen
fand er den schönsten Zeitvertreib.
Und König David bot Gott Hohn,
weil er im Bade Bathseba
die nackten Glieder waschen sah ...
Beneidenswert, wer frei davon.

Und Ammon war so sehr verblendet,
daß er die Schwester, die zunacht
in sein Gemach das Mahl gebracht,
in gottverdammter Gier geschändet.
Und Fürst Herodes hat zum Lohn
der Salome Johannis Leben
um einen geilen Tanz gegeben ...
Beneidenswert, wer frei davon.

Auch ich kann was davon erzählen.
Man haute mir den Buckel voll,
was hilfts mir, jetzt es zu verhehlen?
das war doch nur Kathrine wohl,
die mir verschaffte die Lektion?
Noël war einer von den Dreien.
Von solchen Hochzeitsspielereien —
beneidenswert, wer frei davon.

Wär besser, wenn so junge Geister
nicht mit so jungen Dirnen rennen!
Am besten wär's, sie zu verbrennen,
lebendig, so wie Hexenmeister.
Wie viele reute es nicht schon!
Ein Tölpel der, der Fraun will traun:
ob blond und schwarz, brünett und braun —
beneidenswert, wer frei davon.

LV. Wenn jene, die ich seinerzeit
so ehrlich und so wahr betreut,
um die ich soviel Leid erduldet,
und die mir soviel Qual verschuldet,
wenn sie mir gleich von Anfang an
hätt ihren Willen kundgetan,
ich hätte mir die Müh erspart,
daß ich ihr Schleppenträger ward.

LVI. Was ich ihr alles auch gesagt,
sie saß nur stumm und horchend da
und sprach nicht Nein und sprach nicht Ja.
Und wenn ich einen Griff gewagt,
so wehrte sie nicht meiner Hand.
So schien mein Schäkern und mein Schwätzen
sie zu erheitern und ergötzen.
Doch nur zum Schein, wie ich erkannt.

LVII. Sie hat mich armen Narrn betrogen
und einen andern vorgezogen.
Ich hielt für Mehl, was Asche war,
hielt Lumpenkleider für Talar,
für zwei sah ich drei Würfel liegen,
und hielt für Zinn, was Eisenspan.
Denn ein Betrüger muß betrügen
und bietet Blech für Silber an.

LVIII. Die Wolken habe ich für Rinderhaut,
den Himmel für'ne Pfanne angeschaut,
das Morgenrot für Abendschein,
den jüngsten Most für alten Wein,

'nen Besenstiel für einen Dolch
und eine Kuh für eine Schnecke,
hielt einen Rosenstrauch für Lolch
und eine Wand für eine Hecke.

LIX. So brachte mir die Liebe Trug,
ich kam vom Regen in die Traufe.
Ich halte keinen für so klug,
daß er dabei Gefahr nicht laufe,
so Hemd als Hosen einzubüßen,
bis ihn, betrogen und geprellt,
die Leute so wie mich begrüßen:
„Grüß Gott, verschmähter Liebesheld!"

LX. Mir ist die Liebe schon zu dumm,
ich gebe keinen Pfennig drum.
Durch sie verlor ich allen Mut,
ich traue weder Glut noch Blut.
Die Leier warf ich auf den Mist,
und allemale packt mich Grauen,
wenn mich so ein Verliebter grüßt;
am liebsten ist mir, wegzuschauen.

LXI. Ich warf die Feder in die Winde,
wer will, der geh, daß er sie finde.
Von nun ab schweige ich darüber,
denn andre Pläne sind mir lieber.
Und will mich einer tadelnd fragen,
wie ich die Liebe könne schmälen,
so werd ich ihm als Antwort sagen:
„Wer stirbt, darf all sein Leid erzählen".

XVII. Ich fühl in mir den Fieberbrand,
und spucke, weiß wie eine Wand,
wie Spielball große Speichelballen.
Und was ist schließlich vorgefallen?
Jeanneton schmiß mich aus ihrem Haus
und sagt, ich sei ein alter Tropf.
Doch seh ich nur so dämlich aus,
sonst bin ich noch ein Brausekopf.

LXIII. Denn Gott und Tacque Thilbault zu Dank,
der mir verschafft so bittren Trank,
mich warf in Fesseln und Verlies
und herbe Pillen schlucken ließ . . .
Wenn ich mich dran erinnre, oh!
bet ich für ihn und reliqua.
Gott geb ihm reich Vergeltung so,
wie ich mir's denk — et cetera.

LXIV. Trotz allem aber bin ich nicht
auf ihn noch seinen Vogt erpicht,
noch auch auf seinen Hausverwalter,
der ja ein guter lieber Alter.
So bleibt ja niemand übrig fast.
Ja doch, Robert, der große Richter?
Je nun, ich liebe das Gelichter
allsamt, wie Gott die Wucherer haßt.

LXV. Im Jahre sechs und fünfzig schrieb,
als mich mein Mißgeschick vertrieb,
ich Verse, die man unbewilligt,
und ohne daß ich es gebilligt,

　　　　„Das kleine Testament" genannt,
　　　　nach ihrem Willen, nicht dem meinen.
　　　　Nun ja, es ist ja allbekannt:
　　　　man ist ja niemals Herr des Seinen.

LXVI.　Nun will ich nicht den Namen nehmen
　　　　und mich nicht weiter drüber grämen.
　　　　Auch gegen Herrn Marchant la Barre
　　　　bin ich mit nichten mitleidsbar.
　　　　Ihm schenk ich für sein Vogelhaus,
　　　　drin er mich einst verschlossen hatte,
　　　　als Teppich meine alte Matte.
　　　　Ich hoffe doch, sie hält noch aus.

LXVII.　Und wäre einer, welchem nicht
　　　　zuhanden käme mein Gedicht,
　　　　so soll er gleich nach meinem Sterben
　　　　es abverlangen meinen Erben.
　　　　Doch wer sind meine Erben denn?
　　　　Provins, Robin Turgis, Moreau.
　　　　Sie werden es erhalten, wenn
　　　　das Leben meinem Leib entfloh.

LXVIII.　Kurz, ich will mehr kein Wort verlieren
　　　　und nun beginnen, zu testieren.
　　　　Fermin, nun schreib und schlafe nicht!
　　　　Vor allem mach ich mir zur Pflicht,
　　　　daß in genanntem Kodizill
　　　　ich niemanden verletzen will.
　　　　Ich mach es aller Welt bekannt,
　　　　man wisse es im ganzen Land.

LXIX. Ich fühle meines Herzens Schwäche,
und kaum gelingt's mir, daß ich spreche.
Fermin, setz dich ganz nah heran,
damit mich niemand hören kann.
Nimm Feder, Tinte und Papier,
und was ich sage, schreib behende,
und dann kopier das Ganze mir
vom ersten Verse bis zum Ende.

LXX. Vorerst im Namen Gott des Vaters,
des weisen ewigen Beraters,
und Gott des Sohnes, menschgeboren,
und Gott des Heilgen Geists, der mild,
was Adam einst für uns verloren,
durch seine Niederkunft erhielt ...
Wer daran glaubt, der wird Gott gleich:
denn er geht ein ins Himmelreich.

LXXI. Sie waren tot an Leib und Seele,
verdammt zu Fegefeuersqualen,
für ihre Schuld am Leib zerfallen,
die Seele brannte im Geschwele.
Nur Patriarchen und Propheten,
die hatten es weitaus bequemer,
denn ihnen brannte für ihr Beten
die Glut am Hintern angenehmer.

LXXII. Sieh da, schon sagt mir einer: „Wie?
Studiertest du Theologie?
Was redest *du* grad solche Sachen,
die sich bei dir nur komisch machen!"

       — Da fällt mir Christi Gleichnis ein,
vom Reichen, den die Hölle fraß,
diewohl im Himmelsglorienschein
hoch über ihm der Arme saß.

LXXIII. Wie sehr er bat, der Reiche gab
ihm seinen Finger nicht herab,
den Tropfen Wasser zu erwischen,
um seine Fresse zu erfrischen.
Die Trinker, welche Rock und Hemd
vertrinken, stimmt so was nicht heiter.
Wenn dort ein Trunk so teuer kömmt,
so leben hier sie lieber weiter.

LXXIV. Im Namen Gottes, wie gesagt,
und Unsrer Frau, der Himmelsmagd,
der ich so krank und elend bin,
mir liegt zu spötteln nicht im Sinn.
Wenn mich der Tod nicht weggerafft,
so hat das Gottes Huld getan;
von andrer Qual und Dulderschaft
schweig ich und somit fang ich an:

LXXV. Vorerst sei der Dreieinigkeit
mein überirdisch Ich geweiht.
Und zu Maria will ich beten,
sie möge mich vor Gott vertreten.
Mein Flehen soll sich auch zum hoh'n
neunfachen Chor der Engel schwingen,
daß sie vor Gottes Richterthron
die demutvolle Gabe bringen.

LXXVI. Und item, meinen Körper lasse
ich unsrer großen Mutter Erde,
die Würmer finden nichts zum Fraße,
zu sehr tat Hunger ihm Beschwerde.
Zur Erde kehren Leib und Leben,
da von der Erde sie gekommen.
Denn alles sei zurückgegeben,
woher man es dereinst genommen.

LXXVII. Und item, Guillaume de Villon,
der, mehr als Vater, mein Patron,
mir süßer als die Mutter war,
der mich gerettet aus Gefahr,
der väterlich an meiner Wiege
gehütet, daß mich Sorge meide,
er lasse mir die ganze Freude,
daß ich zu seinen Füßen liege:

LXXVIII. ich geb ihm meine Bibliothek,
auch den „Roman von Teufelsdreck",
von Maistre Tabarie, dem lieben,
auf schönes Hanfpapier geschrieben.
Er liegt im Tisch in einem Fach.
Und sei er noch so schlecht und schwach,
der Stoff birgt so viel Sonderheit,
daß man die Sünde gern verzeiht.

LXXIX. Und item, meinem Mütterlein
will ich ein fromm Gebetchen weihn.
Sie hat durch mich so viele Klagen,
Gott weiß es! und viel Harm ertragen,

Ich weiß kein zweites Heim und Dach,
drin Leib und Seele sichrer wohnen.
O Gott, mich strafe tausendfach,
nur sie mögst du vor Leid verschonen!

BALLADE DIE VILLON AUF VERLANGEN SEINER MUTTER MACHTE, UM ZU MARIA ZU BETEN.

O Himmelskönigin, Beschirmerin der Erde,
du Allbeherrscherin der Unterwelten,
laß meine arme Christendemut gelten,
daß ich zu den Erwählten aufgenommen werde.
Denn was du mir, der armen Sünderin,
o Herrin, gnädiglich gegeben,
es ist zu viel, und dankbar sagt mein Sinn,
ich könnte ohne dich nicht in den Himmel ziehn.
Du sollst mein Glaube sein im Tode wie im Leben.

Sag deinem Sohn, daß ich die Seine bin
und daß ich meine Sünden büßen will,
verzeih mir wie der Ehebrecherin,
verzeih mir wie dem heiligen Theophil,
der heilig ward und selig ward, wieviel
er mit dem Teufel Pakte eingegangen.
O schütze mich vor jeder Schuld und Not,
die du als Jungfrau einen Sohn empfangen,
nach dem wir alle Lebensstunden bangen.
Du sollst mein Glaube sein im Leben wie im Tod.

Ich bin ein Menschenkind, schon arm und alt,
ganz ohne Wissen, ohne Können.
Im Kloster sehe ich das Paradies gemalt,
drin Leierklang und Harfenspiel erschallt,
und auch die Hölle, drin die Sünder brennen.

Das eine macht mich froh, das andre bange,
o hilf, daß ich die Fröhlichkeit erlange.
O Königin, du aller Ziel und Streben,
die alles liebt in heißem Glaubensdrange,
du sollst mein Glaube sein im Tode wie im Leben.

GELEIT.

Du trugst, o Jungfrau rein und benedeit,
Herrn Jesum, unsre Lust in Ewigkeit,
Gottsohn, der unsre Sünden auf sich nahm,
vom Himmel stieg und uns zu helfen kam,
dem Martertode seine Jugend bot.
Dies ist mein Glaube, hehr und wundersam,
dies soll mein Glaube sein im Leben wie im Tod.

LXXX. Und meiner Liebe hinterlaß
ich weder Leber, Herz noch sonst etwas.
Viel andres gibt's, auf das sie spitzt,
obwohl sie Geld genug besitzt.
Was? einen großen Sack noch gar
und drin dreihundert Taler baar?
Fürwahr, sofort sei aufgehenkt,
wer ihr nur einen Pfennig schenkt.

LXXXI. Auch ohne mich ist sie schon reich,
allein das ist mir jetzt ganz gleich.
Vergessen sei es und verschmerzt,
und alle Spuren ausgemerzt.
Ich weiß ihr einen andren Mann,
der besser sie befriedigen kann.
Nur lebt er leider schon nicht mehr,
er liegt begraben in Sancerre.

LXXXII. Trotz alledem fühl ich mich doch
ihr vis-à-vis verpflichtet noch.
Allein ich bin in großem Zweifel,
was ich ihr geb als Ehrenpreis,
den sie verdient? Doch halt, ich weiß:
ich schreib ihr einmal, hol's der Teufel,
ein recht gesalzenes Gedicht.
Vielleicht! bis dato tat ich's nicht.

LXXXIII. Ythier Marchant, dem ich mein Schwert
im „Kleinen Testament" verehrt,
dem geb ich ein Gedichtchen jetzt,
das heißt, wenn in Musik er's setzt.

Ein de profundis noch dazu
für alle seine alten Lieben,
von denen ich nicht reden tu,
ich möcht ihn sonst zu sehr betrüben.

RONDEAU.

Tod, sag, was bist du gar so hart und wild,
du hast mir die Geliebte weggenommen;
ist deine Gier noch immer nicht gestillt,
nun hältst du mich beklommen?
Mit Kummer schlepp ich meine Tage!
Was tat sie dir im Leben, sage,
    TOD?

Wir waren zwei, allein von gleichen Sinnen.
Nun, da sie tot, so nimm mich auch von hinnen,
sonst träum ich ohne Blut und Leben hin,
wie Bilder an den Wänden, ohne Sinn,
    TOT!

LXXXIV. Und item, Maistre Jean Cornu,
der stets mir seine Hilfe lieh
und mir in mancherlei Gefahr
und Drangsal gern zu Händen war,
ich gebe ihm das Haus dafür,
drin ich gelebt so warm und fest,
wofern er nur die morsche Tür
und auch das Dach erneuern läßt.

LXXXV. Weil keine Tür war, brach man ein,
man stahl mir einen Pflasterstein.
Zum Schluß war's so, daß keine Ratte
ein Krümlein mehr zu nagen hatte.
Das Haus ist sicher, wenn man wacht,
ein Eisenhaken sein Emblem.
Zur Nacht ist's minder angenehm:
man hab auf Diebsgesindel acht!

LXXXVI. Und item, weil die Ehefrau
des Saint-Amant mich grob und rauh
— wie große Schuld sie auch verbrochen,
der Himmel laß sie ungerochen! —
als Dieb und Bettlerhund behandelt,
so sei das Roß, das schön gemalt
auf ihrem Wirtshausschilde strahlt,
in eine Eselin verwandelt.

LXXXVII. Und item gebe Sir Denys
Hesselin, Ratsbürger von Paris,
ich vierzehn Schoppen Rotwein, die
ich kreide bei Robin Turgis.
Doch freut er sich zu viel am Naß,
daß er drob den Verstand verliert,
so geb man Wasser in das Faß.
Wein hat schon manchen Mann ruiniert.

LXXXVIII. Und item, nehm mein Advokat
Guillaume Charruau als Danklegat,
obwohl's Marchant von mir bekommen,
mein Schwert... Die Scheide ausgenommen.

Er kriegt dafür ein gut Stück Geld,
das ihm die Möglichkeit gewährt,
sich zu erheitern in der Welt,
so daß er keine Lust entbehrt.

LXXXIX. Und item soll mein Freund Fournier
für alle seine Müh und Weh
— wie gut tät's ihm, sich auszuruhn —
in meinen Sack vier Griffe tun.
Er trat für mich als Anwalt ein,
obwohl ich ja ein Ehrenmann,
doch mit dem guten Recht allein
ist's ja bekanntlich nicht getan.

XC. Und item geb ich Jacques Raguier,
dem Eigentümer der Taverne
„Zum großen Eimerfaß", soferne
er beim Gerichte vier Deniers
dafür erlegt, mein Paar Gamaschen.
Er mag ins „Loch zum Tannenzapfen"
zu einem Trunk aus süßen Flaschen
statt mir in meinen Schuhen stapfen.

XCI. Und item geb ich dem Chevalier
Merebeuf und Nicolas Louviers
nicht Kalb noch Schwein, nicht Kuh noch Rind,
weil sie ja keine Fleischer sind.
Nein, feine Herrn, die Sperber tragen
und bei der Wildprethändlerin
— mir kommt zu spotten nicht in Sinn —
auf Rebhühner und Wachteln jagen.

XCII. Und item, komm Robin Turgis,
der mir ein Fäßchen Rotwein lieh
— er schwört zwar drauf, ich hab's gestohlen —
sich seine Heller dafür holen,
sofern er mein Versteck erspürt.
Ich setze dafür obendrein
ihn in mein Recht als Schöffe ein,
das als Pariser mir gebührt.

XCIII. Wenn ich so scharf und spöttisch tu,
so sind daran zwei Damen schuld.
Sie sind voll Anmut und voll Huld
und wohnen in Saint Generoux.
Ich gebe keine weitren Daten
von ihrem Aufenthalte an,
denn wahrlich! ich bin nicht der Mann,
der seine Lieben mag verraten.

XCIV. Und item Jean Raguier, Sergeant
vom Korps der Zwölf, sei zuerkannt,
so lange er nur leben mag,
ein Eierkoch für jeden Tag,
um seine Fresse anzufüllen
am Tisch des Monsignors Bailly.
Den Durst kann er am Röhrbrunn stillen,
denn auch am Durste fehlt's ihm nie.

XCV. Und item geb den Wachsoldaten,
weil so von Nutzen ihre Taten,
und sie so gut und sanft und nett,
Denis Rechier und Jean Valette,

ich jedem eine Weiberhaube
als Helm- und Waffenschmuck für sich.
Doch denen nur zu Fuß, weil ich
die andern nicht zu kennen glaube.

XCVI. Und item, Perennet emfehl ich,
da er Bastard und außereh'lich,
doch sonst von zierlichsten Allüren,
das Wappen Herrn Papas zu führen.
Doch rat ich ihm, ein Kartenspiel
und Würfel noch hinzuzufügen.
Doch wenn das Helmvisier entfiel,
er würde Wechselfieber kriegen.

XCVII. Und item laß Casin Cholet
sein Tischlerhobelschneidmetier.
Er lasse Säge Säge sein
und tausche Holz und Bohrer ein
für einen Lyonneser Degen,
dann hat er Freuden beiderlei:
er kann mit seiner Fuchtel sägen
und ist ein Edelmann dabei.

XCVIII. Und item, Maistre Jean le Loup
erkenn ich dieses Sportel zu:
da er so zart und schlank und fein
und großer Jäger obendrein.
so gebe ich ihm einen Hund
der Hühner, Gänse, Enten jage,
und einen Mantel, drin den Fund
er unbemerkt nach Hause trage.

XCIX. Doch gar dem Böttcher Jean Mahé,
dem geb ich ein Legat, o jeh!
Zweihundert Nägel, hundert Schrauben,
doch nicht für Fässer oder Dauben,
nein, nur für ihn als Fixativ
bei seinen Liebesepisoden,
daß ihr die Milch vom Busen trief,
und ihm das Blut von seinen Hoden.

C. Die löblichen Herrn Bogenschützen
samt ihrem Hauptmann Jean Riou
traktier ich nobel mit Ragout
aus Hundefleisch mit Wassergrützen,
dazu ein Liter Most pro Kopf.
Was Beßres brauchen sie ja nicht,
für sie genügt so ein Gericht.
Und gäb ich mehr, wär ich ein Tropf.

CI. Auch Hundefleisch gibt delikaten,
so herrlichen wie Hasenbraten.
Es ist nicht so verdaulich zwar,
allein was schadet das, nicht wahr?
Und überdies, ich bin bereit,
den Herrn die Felle zu spendieren,
damit sie in der Winterszeit
nicht gar so wie die Pudel frieren.

CII. Und item, Robinet Trescaille
geb ich'ne Schüssel aus Email.
Sie ist ein wundervolles Stück,
ich hielt sie sorgsamlich zurück.

Ich geb sie ihm als Gentleman,
und weil er ein so schmucker Reiter.
Und wenn er heiratet, nun denn,
so braucht er nichts zu kaufen weiter.

CIII. Und item, geb ich Pierre Girart,
Barbier in Bourg la Royne, ein Paar
Waschbecken. Denn die braucht er grad,
wenn er mal wieder Sautanz hat.
Vor grad sechs Jahren, hei, da lagen
bei ihm zwei Schweine in der Brühe!
Im Hof. Ich wußt sie fortzutragen
und sparte ihm die weitre Mühe.

CIV. Und item, allen Ordensdienern,
den Karmelitern, Augustinern,
samt den damit verbundnen-innen,
den Filles dévotes und Beguinen,
vermach ich fette Bettlersuppen,
die ja so billig, und gut munden —
und dann in Scheuern und in Schuppen
erbauliche Betrachtungsstunden.

CV. Ich gönne ihnen gern den Lohn,
denn sie erhalten die Nation.
Und ziehn sie so von Haus zu Haus,
dann sterben nie die Kinder aus.
Denn sagt, wer sollte sonst die Frauen,
die Gattinnen und ledigen
mit Beten und mit Predigen
im stillen Kämmerlein erbauen?

CVI. Und mögen Maitre Jean de Meung,
und mit ihm Doktor Jean Poullien,
und andre Leute sie befehden,
was nützt's, da sie zu Tauben reden!
Denn jeder ist so überzeugt
von ihrer Engelsheiligkeit,
daß man von ihren Fehlern schweigt,
und huldigt, was die Kirche weiht.

CVII. So dien ich ihnen ohne Klage
in allem, was ich tu und sage,
und ohne daß ich sie befehde,
und ohne alle Widerrede.
Und schließlich ist's auch nicht Raison,
grad solchen Leuten obstruieren,
denn mit der Inquisition
belieben sie es zu quittieren.

CVIII. Und item, geb ich Bruder Baude
vom Karmeliterorden, weil
ihm hie und da Gewalttat droht,
ein Stahlhemd und ein Doppelbeil.
Der Arme ist schon alt und schwach
und hat ein Mädchen zur Maitresse.
Er wehre, stellt ihr jemand nach,
daß man sich nicht zuviel vermesse.

CIX. Die Herren Bischofsräte, die
an Syphilisgeschwüren leiden,
erhalten Heilmittel sowie
durchlochte Sitzgelegenheiten.

Jedoch dem saubren Jüngferlein
Macée, dem elenden Subjekt,
vergönne ich die Höllenpein,
denn sie hat alle angesteckt.

CX. Monsieur François de la Vacquerie
vermache ich aus Sympathie
ein neues blankes Stahlgewand,
doch ohne Zier und andren Tand.
Um eins muß ich ihn noch ersuchen:
zieht er besagte Rüstung an,
so soll er nicht so gottlos fluchen,
wie er's bisher seit je getan.

CXI. Und item, Jean Laurens, dem Freund,
des Auge immer rotgeweint
um seiner Eltern Sünde willen,
die ihren Durst mit Branntwein stillen,
geb ich mein Bettelmannsornat,
damit er's täglich flick und scheuer.
Ja freilich, wär ich ein Prälat,
so trüg ich Samt. Doch der ist teuer.

CXII. Und item, Maitre Jean Cotart,
der vor Gericht mein Anwalt war,
dem tu ich einen blanken Gulden,
grad fällt mir's ein, seit langem schulden.
Nun ist er tot. So geb statt Geld
ich ein Gedicht ihm als Entgelt.
Ich hoffe, daß es ihm was nützt,
ich hab mich weidlich abgeschwitzt.

BALLADE UND GEBET.

O Vater Noah, der du Wein gebaut,
und Loth, auch du, der so getrunken
in einer Höhle, daß du liebetraut
mit deinen Töchtern hingesunken,
und Salomon, der auch erfahren
in aller Kunst der Liebe war,
o mögt ihr drei voll Huld bewahren
die Seele des verstorbnen Jean Cotart.

Vorzeit ward er entrissen euren Reihn!
Er war ein flotter lustiger Kumpan,
trank nur den teuersten und besten Wein,
und was er nahm, das griff er tüchtig an,
den Krug, den er gefaßt, den nahm ihm keiner,
und zechelustig war er immerdar:
ihr edlen Herrn, erbarmt euch oben seiner,
des ach! so früh verstorbnen Jean Cotart.

Oft sah ich, wie er torkelnd vom Gelag
berauscht nach Hause schlafen ging,
und wie er, wenn er in der Gosse lag,
so manchen Fußtritt im Gesichte fing.
Kurz, ihm kam nie ein zweiter gleich,
ein rechtes Säuferexemplar,
drum hört mich an, ruft ihn zu euch,
den ach! so früh verstorbnen Jean Cotart.

GELEIT.

Sein Mund war eine weite tiefe Höhle,
stets rief er: „Weh, mir brennt die Kehle!"
Sein Durst war ewig unstillbar —
der gute liebe lustige Jean Cotart!

CXIII. Und item will ich, daß fortan
Sire Merle meine Geldgeschäfte führt;
ich finde kein Gefallen dran,
nur fordr ich, daß er profitiert
im Gelderaustausch wechselweise,
pro Heller eine Silberkrone,
pro Gulden eine Golddublone.
Dann kriegt er Kunden dutzendweise.

CXIV. Auf meiner Fahrt nahm ich auch wahr,
daß meine armen Waisenknaben
vom kleinen Testament sich ganz und gar
zu ihrem Vorteile verändert haben.
Sie haben sehr viel profitiert,
ein jeder ist ein ganzer Mann,
und männiglich tut gut daran,
der sie zum Beispiel sich erkürt.

CXV. Ein jeder, der was anstrebt, geh
zur Schule bei Sire Pierre Richier.
Der plagt sich nicht mit Theorien,
noch auch mit Jus und Medizin,
bei ihm lernt man, was just vonnöten,
nur praktische Gebete beten,
es braucht ja grade kein Latein
bei jedem Quark dabei zu sein.

CXVI. Ganz einfach seien die Doktrinen,
zu schwierige verbiet ich ihnen.
Ein schwieriges Finanzkalkül
ist gar zu hoch und diffizil.

>   Mein Schwert zerbrech ich in zwei Teile,
>   man soll die Hälfte dann verkaufen,
>   und dafür reichlich Kuchen kaufen,
>   denn Jünglinge sind Leckermäule.
>
> CXVII. Sodann, wie teuer es auch wäre,
>   will ich, daß man sie Anstand lehre.
>   Den Hut fest in die Stirne rücken,
>   die Daumen in den Gürtel drücken,
>   „Halloh" und „Hm" und „Heda" sagen —
>   da werden alle, die sie sehn,
>   verwundert und erstaunt gestehn:
>   „Das ist ein schickliches Betragen!"
>
> CXVIII. Und Freund Cotin und Freund Vitry,
>   an die ich meine Titel lieh,
>   die wohl schon achtzig Jahre — schade! —
>   doch sonst noch frisch und kerzengrade
>   und wohlbestallte Chorherrn sind,
>   testiere ich den Zinsgewinst
>   von ihrer Sprengel zum Gebind,
>   die Häuser sind ja gut verzinst.
>
> CXIX. Sei Jugend noch so ungebunden,
>   ich habe nie was dran gefunden.
>   In dreißig oder vierzig Jahren
>   sind ernst die lustigsten Scholaren.
>   Den schlimmsten Kindern lasse man
>   das heitre sorgenlose Heute,
>   und wer sie schilt, tut unrecht dran,
>   denn aus den Kindern werden Leute.

CXX. Und item, Sire Michault Cul d'Oue
erkenn ich hundert Batzen zu.
Woher? Ich hoff, daß sie zur Erden
wie Mosis Manna fallen werden.
Und ein Paar lederne Gamaschen
nebst oben angeführtem Geld.
Ich hoffe, daß es in die Taschen
Jeannots und ihresgleichen fällt.

CXXI. Und item, dem Seigneur Grigny,
dem ich Vicêtre einst verlieh,
dem geb ich überdies zum Lehn
den Turm Billy am Strand der Seine.
Er hat zwar keine Fenster mehr
und ist auch sonst schon stark zerstört,
doch richtet man ihn wieder her,
so ist er tausend Gulden wert.

CXXII. Und item, Herrn Thibaut la Garde,
dem Edelmanne hochgeboren —
was gibt man ihm, daß man was spart?
Denn heuer hab ich g'nug verloren.
Wohl gar die „Weinstube zum Kelter"?!
Nicht doch! Weil er zu wenig trinkt.
Ich gebe sie Genevoys, der älter,
und ihrer würdiger mich dünkt.

CXXIII. Und item, geb ich Basanier,
Notar und Richter am Châtelet,
ein Körbchen voller geiler Sachen,
die sehr potent und männlich machen.

           Und ebenso Mautaint und allen
           die schon nichts mehr zustande bringen,
           damit den Dirnen sie gefallen,
           die sie zum Liebesspiel sich dingen.

CXXIV. Und item, Sire François Perdrier
           und seinem Bruder Jean, den zweien
           kann leider gar nichts ich verleihen,
           wie sehr mir's auch zu Herzen geh.
           Je nun, sie sind selbst reiche Herrn,
           die mir Geschenke viel gemacht,
           deshalb verschmerzen sie es gern,
           wenn ich sie hier mit nichts bedacht.

CXXV.   Auch hat François die Treu gebrochen
           und über mich sehr schlecht gesprochen,
           und, ohne daß er es bedacht,
           viel Drangsal über mich gebracht.
           Doch hab ich ein Rezept bekommen
           von einem zauberkundigen Mann,
           ich teil es mit zu aller Frommen,
           falls es mal einer brauchen kann.

BALLADE VON DEN
BÖSEN ZUNGEN.

In Hefenschaum, in heißem Höllenstein,
in Operment, in Blei, das siedend raucht,
in ungelöschtem Kalk, zu größrer Pein,
in Talg und Pech und Lauge eingetaucht,
in Fußschweiß und in alten Hosenfetzen,
in Alteweiberkot und Judenpisse,
in Menschenhäuten voller Schinn und Grätzen,
im Absud eitriger Abszeßergüsse,
in Dachs- und Fuchs- und Wolfengalle sollen
die bösen Zungen der Verleumder kohlen.

In einem Katzenhirn, das fault und stinkt,
im Geifer eines Hundes, krank an Wut,
in Jauche, die ein Schwein schon nicht mehr trinkt,
in Rotz, in halbverwestem Eselsblut,
im grünen Schamsaft einer geilen Stute,
im Ohrenausfluß und im Schorf von Blattern,
im Talge einer schmutzigen Hengstenrute,
in faulem Wasser sollen, drinnen Nattern
und Kröten, Molche und Gewürm geboren,
die bösen Zungen der Verleumder schmoren.

In Schanker-, Syphilis- und Krebsgeschwür,
in altem Menstruationsurin,
in trocknem Blut, erhältlich beim Barbier,
wenn Neumond ist, halb schwarz, halb gräulich grün,
in heißem Schwefel und in Wasserbecken,

drin sich die Dirnen nach dem Beischlaf baden,
in halbverwestem Fleisch, drin Maden stecken,
in eines Lungenkranken Speichelfladen,
in Säuren sollen und in Sublimaten
die bösen Zungen der Verleumder braten.

GELEIT.

Nun nehmt ein Sieb, durch das ihr alles siebt,
und die Essenz, die sich daraus ergibt,
ist grad die beste, drin von Rechtes wegen
die Zungen der Verleumder sieden mögen.

CXXVI. Und item, Herrn Andry Courault
mach ich ein Liedel zum Cadeau,
drin ich die Lebensart beschrieb,
die mir am meisten wert und lieb.
Zwar andern scheint's mit nichten so.
Nun, drüber läßt sich disputieren.
Doch glaube ich, auch Herr Courault
möcht gern wie ich solch Leben führen.

BALLADE VOM
ANGENEHMEN LEBEN.

Im wohlig warmen Zimmer beim Kamin
ein dicker Pfaffe breit auf weichem Pfühl,
an seiner Seite Damen Sidonien,
anmutig, reizend, bleich und voll Gefühl.
Sie trinken süßen Wein aus schönen Krügen,
ich sah sie kosen, spielen, unterhalten,
beinahe nackt zu größerem Vergnügen,
und schäkern, durch die Fensterladenspalten.
Da löste sich für mich das Glücksproblem:
nur wer in Wohlstand schwelgt, lebt angenehm.

Und preist man's als das höchste Leben auch,
mich kann das simple Leben nicht verlocken,
denn Zwiebel, der verpestet nur den Hauch,
gebähtes Brot macht nur die Kehle trocken.
Und aller Topfen, aller Hafertrank
und aller Knoblauch hat mir nie geschmeckt,
und lieber als auf einer Rasenbank
hab ich in weichem Bette mich gestreckt.
Was meint ihr? Findet ihr's nicht auch bequem?
Nur der in Wohlstand schwelgt, lebt angenehm.

Von Grütze nur und Haferbrot, davon
kann leben, wer da Lust hat und wer mag,
kein Vögelchen von hier bis Babylon
vertrüge diese Kost nur einen Tag.
Und pures Wasser nur zum Trunke kriegen,
statt guten starken Weins, ist minder schön,

und unter einem Rosenstocke liegen,
mit kalter Gattin dann zu Bette gehn —
ich habe keine Lust zu dem System,
nur wer in Wohlstand schwelgt, lebt angenehm.

GELEIT.

Ihr Herrn, urteilet selbst, was mehr mag frommen!
Ich finde nicht Geschmack an alledem,
als kleines Kind schon hab ich stets vernommen:
nur wer in Wohlstand schwelgt, lebt angenehm.

CXXVII. Und da ja Mademoiselle Brugères,
Äbtissin im Hotel du Diable, sehr
bewandert in der Bibel ist,
so rat ich ihr zu jeder Frist,
daß sich die Nönnchen, die gern meckern,
auch noch im Predigen sich stärkten,
nur nicht auf stillen Gottesäckern,
nein, besser auf Gemüsemärkten.

BALLADE VON DEN FRAUEN VON PARIS.

Wohl erfreuen hohen Ruhms
sich die Venetianerinnen
und die Florentinerinnen,
selbst die Fraun des Altertums;
doch ob Genueserinnen,
Savoyarden, Römerinnen,
Neapolitanerinnen,
alle plaudern nicht so süß
wie die Frauen von Paris!

Die von Schweiz und Griechenland
sind wohl traute Schwätzerinnen,
Ungarn und Ägypterinnen
sind wohl allerwelt bekannt,
doch ob Tolosanerinnen,
Deutsche, Preußen, Spanierinnen,
Britten und Gascognerinnen,
alle plaudern nicht so süß
wie die Frauen von Paris!

Wohl ob holder Rede hoch
schätzt man die Lothringerinnen,
doch ein, zwei Pariserinnen
bringen sie zum Schweigen doch;
ob nun Valenciennerinnen,
oder ob Bretagnerinnen,
oder Castellanerinnen —
was für Länder nenn ich noch?

alle plaudern nicht so süß,
wie die Frauen von Paris!

GELEIT.

Darum geb ich ohne Frage
der Pariserin den Preis.
Was man auch von andern sage —
alle plaudern nicht so süß,
wie die Frauen von Paris!

CXXVIII. Betrachte zwei, drei solche Nonnen,
wie sie voll Andacht und versonnen
auf ihren Stühlen sitzen. Geh
recht unbemerkt in ihre Näh.
Ich glaube wohl, ein jeder muß
Gefallen finden an den Lieben
und sagen, daß Makrobius
nicht im Geringsten übertrieben.

CXXIX. Dem Frauenkloster auf Montmartre
geb ich zwecks schönrer Lebensart
das Männerkloster zum Präsent,
das man Mont Valérien benennt,
und noch dazu den Ablaß, den
ich jüngst vom Papst aus Rom gebracht,
dann können Sünden sie begehn,
selbst ohne daß es etwas macht.

CXXX. Und item, Diener, Dienerinnen,
die flink, diskret und gut bedienen
und für Gelage gute Sachen
wie Torten, Kuchen, Fladen machen,
Liköre schenken, Met und Wein,
dran Mann und Weib Gefallen finden,
bis sie dann unbemerkt zu zwein
in ihre Kämmerchen verschwinden.

CXXXI. Für Mädchen, die noch Eltern haben,
wie schade! hab ich keine Gaben.
Und ach! nach jenen Klosterflädchen
gelüstet's wohl so manches Mädchen ...

>   Allein die Jakobinergilde
>   soll sie zu sich ins Kloster laden
>   und ihnen gnadenreich und milde
>   zu kosten geben ihre Fladen.

CXXXII. Denn Pères Chartreux und Cölestiner
         entbehren wie die Jakobiner
         wohl kein Vergnügen dieser Welt,
         das vielen armen Mädchen fehlt.
         Beweis hierfür Perette, Jacqueline
         und Ysabeau, die sagt: „Fürwahr!"
         Drum nehmt euch die ins Kloster hin,
         denn Wohltat bringt ja nicht Gefahr.

CXXXIII. Und item, meinem Lieb Margot,
         die, dick und hübsch und sanft und froh,
         mich liebt und mir zu jeder Frist
         von allen Fraun die liebste ist,
         der eigne ich zum Angebinde
         die folgende Ballade zu,
         wer immer sie zufällig finde,
         der lese sie ihr vor. Hört zu!

BALLADE VON VILLON UND
DER DICKEN MARGOT.

Wenn ich die Kleine schon seit je beschützt,
so seid mir dessenthalb nicht bös gewillt,
denn mir gefällt die Art, die sie besitzt,
um ihretwillen trag ich Dolch und Schild.
Wenn Leute sie besuchen kommen, flüchte
ich mich zum Wein und rühre mich nicht mehr,
und biete ihnen Wasser, Brot und Früchte,
und wenn sie gut bezahlen, sag ich: „Herr!
Kommt recht bald wieder, wollt ihr Liebe schmausen
in dem Bordell, in dem wir beide hausen!"

Doch manches Mal, da gibt es arge Not,
im Fall Margot nichts zu verdienen fand,
da schelt ich, schimpf und martre sie zu Tod
und nehm ihr Wäsche, Kleider, Putz und Tand
und schwör, die Sachen alle zu versetzen.
Da fragt sie höhnisch, was ich mich erdreiste,
und schreit und kreischt und jammert vor Entsetzen
und widerspricht. Drauf ball ich meine Fäuste
und lasse sie auf ihre Nase sausen
in dem Bordell, in dem wir beide hausen.

Dann gibt sie Ruh und lacht und läßt ein Fürzchen
und lockert sacht ihr enges Miederlein
und nennt mich ‚Lieber Schatz!' und löst ihr Schürzchen
und krault mit sanfter Hand mir Bauch und Bein.
Dann schlafen wir, und beim Erwachen legt
sie sich mit ihrer ganzen Last auf mich,

daß sie das Kind nicht tötet, das sie trägt;
ich werde glatt wie ein Gedankenstrich.
Dann kost sie mich, daß mir die Ohren sausen,
in dem Bordell, in dem wir beide hausen.

GELEIT.

Wind, Hagel, Regen, Schnee, ich bin geborgen,
Zuhälter bin ich, brauch für nichts zu sorgen.
Mit seiner Luise hat sich Louis gepaart.
Welch herrlich Paar! Art findet sich zu Art.
Uns plagen Ehrbegriffe nicht noch Flausen
in dem Bordell, in dem wir beide hausen.

CXXXIV. Und item, sei Marion l'Ydolle
das Recht zum Unterricht gewährt,
in dem der Lehrer lernen soll
vom Lehrer, wie auch umgekehrt.
Und item, Jeanne de la Bretagne
gestatte ich es ebenso.
Mir ist das Handwerk zu gemein,
ich bleibe lieber bei Margot.

CXXXV. Noël Joliz, der einst so schandvoll
Chaterine Vausselles an mir gerochen,
dem geb ich nichts als eine Hand voll
von Weidenruten, frisch gebrochen.
Es ist was Schönes um Almosen,
so schenk Noël erbarmungsvoll
ich zwanzig Hiebe auf die Hosen,
die ihm der Henker geben soll.

CXXXVI. Und item geb ich den Spitälern
den Rest von meinen Mittagmählern.
Es wird zwar wenig sein, allein
es fällt zu scherzen mir nicht ein.
Ich kann mich nicht mit Gänsen nähren,
nur falls ich manchmal welche stahl.
Und wenn's auch nur die Knochen wären,
für Bettler ist's ein Freudenmahl.

CXXXVII. Und item, meinem Hofbarbier
Galerne, der neben dem Quartier
des Kräuterhändlers Angelot,
vermach ich ein Stück Eis . . . Von wo?

Nun, aus der Marne. Er halt es immer
zur Abkühlung in seinem Zimmer,
dann wird er in den Sommerhitzen
nicht gar so wie ein Pudel schwitzen.

CXXXVIII. Den Findelkindern, die ja prassen,
will ich kein Erbe hinterlassen,
Weit sorgenvoller ist und minder
das Schicksal der verlornen Kinder.
Ich glaube zwar, man trifft sie wohl
vollzählig bei Marion l'Ydolle.
Sie sollen gut auf meine Lehren
und wohlgemeinten Ratschlag hören.

WOHLGEMEINTE LEHRE, DIE VILLON DEN VERLORNEN KINDERN GIBT.

Ihr lieben Kinder, ihr vergebt
den schönsten Schmuck aus eurem Kranz,
die ihr wie Vogelbeeren klebt,
geht ihr nach Montpipeau zum Tanz.
Und hütet, Kinder, eure Haut,
denn dorten ging in toller Stunde,
weil er dem Glück zu sehr vertraut,
Cotin de l'Escailler zugrunde.

Dort ist's kein harmlos Kinderspiel,
man setzt so Leib als Seele ein,
und wer dort tollt, riskiert gar viel
und stirbt in Schande, Schmach und Pein.
Und wer gewinnt, hat kein Gewinnen,
was hat er weiter profitiert?
Darum ist männiglich von Sinnen,
der dort für nichts so viel riskiert.

Drum höre mich ein jeder an,
und es ist wahr, was ich da sag,
daß man sein Weinchen trinken kann,
allüberall, wo man nur mag.
Seid stets nur gut versorgt am Baren,
doch bringt es rasch und baldigst an,
wozu denn für die Erben sparen,
wo fremdes Geld nicht nützen kann?

BALLADE DES GUTEN RATES DENEN, DIE SCHLECHTEN LEBENSWANDEL FÜHREN.

Seid, was ihr wollt, ob Ablaßkrämer,
ob Trinker, Spieler, Hurentreiber,
ob Falschmünzer, ob Zinseinnehmer,
ob Dieb, ob Raufbold oder Räuber,
ob falscher Zeuge, Messerheld —
fürwahr, man kann sich's gar nicht denken:
wo laßt ihr, sagt, all euer Geld?
Bei Mädchen und in Schenken.

Verhöhne, reime, tanz und spott,
betrüge, tolle, mache lachen,
spiel Flöte, Fiedel und Fagott,
vollführ die allertollsten Sachen,
gewinn in Karten, spiele Kegel
und rauf in nächtlichen Gezänken —
wo läßt dein Geld du in der Regel?
Bei Mädchen und in Schenken.

Vor solchem Tun nimm dich in acht,
bebaue Saat und Ackererde
und plag und müh dich Tag und Nacht
und halte Esel, Kühe, Pferde,
in Hof und Feld, in Stall und Haus
magst du die Glieder dir verrenken —
doch gib nicht dein Erspartes aus
bei Mädchen und in Schenken.

GELEIT.

Und Strümpfe, Schuhe und Gewand
und Flitter, Bänder, Putz und Tand —
o hüte dich, sie zu verschenken
an Mädchen und in Schenken.

CXXXIX. O hütet euch, ihr Spielgesellen,
die stark am Fleisch, doch schwache Seelen,
daß euren Leib nicht auch einmal
am Galgen dörrt der Sonnenstrahl.
Das Lotterleben macht nicht reich,
drum macht so rasch als möglich Schluß
und denkt daran, daß auch für euch
das Ende einmal kommen muß.

CXL. Und item sagt mein letzter Wille,
daß man dem Blindenhospital
vermache meine alte Brille,
doch bitte, ohne Futteral.
Damit sie im Gesicht der Bösen
sofort ihr wahres Wesen lesen,
dafür die Guten auch erkennen,
und so die Spreu vom Weizen trennen.

CXLI. Ich sag das nicht aus Übermut.
Ich gönne jedem Geld und Gut
und Prunkbett, Wohlsein und Genuß
und guten Wein im Überfluß.
Und Glück und Freude, Tanz und Fest,
sie mögen ihnen stündlich lachen.
Was bleibt von allen diesen Sachen?
Was ist all dieser Dinge Rest?

CXLII. Ich kenne einen Friedhof, wo
auf einer Mauer ein Tableau:
ein Totentanz ist dargestellt,
wie hoch und nieder gleichgesellt

        im Beingerippemummenschanz,
        die Hochgestellten mit Geringen,
        in einem kunterbunten Tanz
        die dürren Klapperbeine schwingen.

CXLIII. Da hält ein Metzger einen Grand
        im Ringelreigen an der Hand,
        dort tanzen Bischof und Scholar
        mit einer Dieb-und Gaunerschar
        So sind sie allesamt vereint
        zu einem tollen Kunterbunt,
        kein Unterschied, ob Freund, ob Feind,
        ob Herr, ob Diener, tut sich kund.

CXLIV. Erbarm dich ihrer Seelen, Herr,
        denn ihre Leiber, sie verwesen,
        und war's nun Dame oder Herr,
        genährt mit Speisen auserlesen,
        mit Crême und Reis und Bäckerein,
        die Knochen sind in Staub zerfallen...
        O mög es Jesu Christ gefallen,
        von ihrer Schuld sie zu befrein!

CXLV. Den Toten weih ich diese Strophe,
        Palast und Burg und Fürstenhofe,
        so Graf, als König und Baron,
        als auch der Inquisition,
        die mit so strengem Richterblick
        ihr hartes Wächteramt betreut,
        von Jesu und St. Dominik
        sein sie nach ihrem Tod befreit.

CXLVI. Und item, nichts für Jacques Cardon
(ich bitt ihn drob auch um Pardon)
als dieses folgende Poem,
das ich gedichtet ehedem.
Zwar ist es nicht so allbekannt.
Ja, wär's ein flotter Gassenhauer,
dann sänge man's im ganzen Land,
so Dirne als Student und Bauer.

RONDEAU.

Bei meiner Wiederkehr aus dem Verlies,
in dem ich fast das Leben ließ,
mißgönnt das Schicksal mir mein Sein.
Urteilet selbst, ob billig dies!
Es könnte doch, so sagt der Schein
und die Vernunft, besänftigt sein
bei meiner Wiederkehr!

Ich dachte es versöhnt, allein
der Tod war's, den es mir verhieß.
Doch ruhig, Seele, geh in dein
von Gott beschirmtes Leben ein
bei meiner Wiederkehr!

CXLVII. Und item wünsch ich Sire Lomer,
daß man ihn liebe nach Begehr.
Er möge Dirnen als auch Damen
recht oft sein Leben lang besamen,
sei jede Nacht auf seinem Posten,
und nie versiege seine Brunst.
Doch mög's ihm keinen Heller kosten,
er kriege alles ganz umsunst.

CXLVIII. Und item gebe weiters jenen
all deren Liebe hoffnungslos,
als Weihkessel für ihre Tränen
ich einen tiefen Weiberschoß,
und als Weihwedel obendrein
recht eine wilde Rosenranke,
vorausgesetzt, daß sie zum Danke
dafür mir ein Gebetchen weihn.

CXLIX. Und item wünsche ich Jacques James,
der alles, was er konnte, nahm,
sich alle Frauen, die er sehe,
zu nehmen, aber nicht zur Ehe.
Für wen er sammelt? Für die Seinen.
Ihm tut nur leid, was er verzehrt.
Denn was der Muttersau gehört,
gehört ja auch den jungen Schweinen.

CL. Louis de Bourbon, dem Seneschall,
der meine Schulden abgetragen,
ernenne ich zum Hofmarschall,
um Gans und Ente zu beschlagen.

Auch send ich ihm für seine Muße
dies Testament. Doch sagt er: „Nein!
Auch gute Dichter schläfern ein",
so mach er sich draus Fidibusse.

CLI. Und item, dem Chavalier du Guet
geb ich zwei flinke kleine Pagen,
den Philibert und den Marquet,
zwei hübsche zierliche Visagen.
Sie stehen lange schon in Dienst,
doch immer ohne Bargewinst.
Ich hoffe aber, beim Chevalier
erhalten sie wohl ihre Gagen.

CLII. Und item, gebe ich Chappelain
ein Kirchlein wo in St. Germain,
wo eine Messe nur am Tage,
und auch ansonsten nicht viel Plage.
Ich könnt ihm Größres anvertrauen,
doch will er sich nicht überbürden,
und Beichte hören will Hochwürden
nur ein paar hübschen Kammerfrauen.

CLIII. Und da Monsieur Jean de Calais
(ein Mann vom Scheitel bis zur Zeh,
der mich gekannt als kleines Kind,
sich meiner schon nicht mehr entsinnt)
mein Sinnen und mein Denken kennt,
so möge er mein Testament
erklären, deuten, kommentieren,
verbessern, schildern und glossieren.

CLIV. Und starb wer von den Legataren,
von dessen Tod ich nichts erfahren,
so gebe ich ihm Recht und Macht,
daß er nach weislichem Bedacht
mit dem verfallenen Geschenke
wen andern würdigen bedenke.
Doch habe er hiebei wohl acht,
daß ihn nicht Gunst noch Mißgunst lenke.

CLV. Und item, will in St. Avaye
ich, daß dortselbst mein Grabmal steh.
Und daß ich allen sichtbar sei,
so soll man dort mein Konterfei
in Tinte, nicht in Farbe malen,
wenn's nicht zu teuer kommen wird.
Doch nicht mit Marmorpiedestalen,
da wird der Boden nur ruiniert.

CLVI. Und item, auf dem Leichenstein
soll kurz und klar geschrieben sein,
in großen Lettern, gut zu lesen,
wie ich genannt, wer ich gewesen.
Doch nehme man, den Stein zu schonen,
nur Kohle oder schwarze Kreide.
Dann weiß die Welt auch nach Äonen
von meinem Harm und meinem Leide.

CLVII. „Hier unter diesem Steine liegt,
von Amors spitzem Pfeil besiegt,
ein armer Tölpel, ein Scholar,
der Franz Villon geheißen war.

Er nannte kein Stück Erde sein,
doch alles wußt er zu verschenken,
so Tisch als Bett, so Brot als Wein.
O betet ihm zum Angedenken:

RONDEAU FÜR DEN ARMEN VILLON.

Gib ihm, o Herr, das ewige Licht
und den ewigen Frieden, dem armen Gauch!
Er schmauste nicht einmal ein gutes Gericht
und hatte oft kaum nur ein Hälmchen Lauch.
Kahl war sein Kopf und kahl sein Gesicht,
wie ein Rettig, der nackt aus dem Erdboden sticht.
Gib ihm, o Herr, das ewige Licht.

Strenge verjagte den armen Wicht
und trat ihm barbarisch auf Hintern und Bauch.
Appell und Rekurse — was half es ihm auch?
Jammern und Schimpfen, es nützte ihm nicht.
Gib ihm, o Herr, das ewige Licht.

CLVIII. Und item wünsche ich, daß das Geläute
der großen Glocke mich zu Grab geleite,
die männiglich zum Zittern bringt,
wenn durch die Stadt ihr Läuten klingt.
Und Hader schweigt und alles Irren,
und stille schweigt der Lästermund,
wie Donnerrollen, Waffenklirren,
wie Schlachtgetöse dröhnt ihr Schlund.

CLIX. Den Glöcknern geb ich sechs Laib Brot.
Denn mehr zu geben tut nicht not.
Ich meine Brot von jener Art
mit dem St. Stephanus gesteinigt ward.
Vollant, das ist ein starker Mann,
das soll der eine sein. Bei Gott!
Er zehrt wohl eine Woche dran.
Der zweite sei Jean de la Garde.

CLX. Und nun sei'n nur zu guter Letzt
noch die Vollstrecker festgesetzt,
die alles Nötige verfügen
und ihren Pflichten wohl genügen,
die sich, gottlob! was leisten können,
doch ohne daß sie damit prahlten,
sie mögen meiner Sache walten . . .
Drum schreib! ich will dir sechse nennen.

CLXI. Vorerst Monsieur Martin Bellefaye,
Rechtsadvokaten am Châtelet.
Wer noch —? Doch ja, schon fällt's mir ein:
soll Colombel der zweite sein,
sowie Michel Jouvenel der dritte.
Ein jeder tut es, wenn er kann,
sie folgen sicher meiner Bitte
und nehmen sich der Sache an.

CLXII. Doch sagten diese etwa nein,
weil sie die ersten Kosten scheun,
so will ich andre nominieren,
die dieses Testament vollführen:

        Philippe Brunel, Herr auf Grigny,
        die Zierde aller Edelleute,
        er sei der erste, und der zweite
        Sire Jacques Raguier, sein Vis-à-vis,

CLXIII. Der dritte aber sei Jacques James.
        Drei Herrn von Stand und lobesam,
        voll Sinn für Edelmut und Treu,
        und gute Christen alle drei.
        Sie sind zu spenden mehr bereit,
        als ich im Kodizill bestimmt,
        drum braucht's auch keine Obrigkeit,
        die in ihr Handeln Einsicht nimmt.

CLXIV. Bevor ich schließ, ernenn zuvor
        pro forma ich als Kontrolor
        den Jugendfreund Thomas Tricot,
        ein junger Geistlicher aus Meaux.
        Und was es immer kosten soll,
        er trink auf mein spezielles Wohl
        zum Dank sich einen Affen an
        und zahl mit meinem Hemde dann.

CLXV. Für Lichter soll und Leichenwagen
        Guillaume du Ru mir Sorge tragen.
        Und item sollen mir die Falten
        des Bahrtuchs Wachsoldaten halten.
        Sie kosteten mich mehr Verdruß
        als Bart- und Kopf- und Brauenhaare.
        Mich drängt die Zeit. Als Abschiedsgruß
        nur noch ein Wort an meine Legatare.

BALLADE IN DER VILLON JEDERMANN ABBITTE LEISTET.

Die Mönche, Nonnen, Ablaßbeter,
   die Priester, tonsurierten Schädel,
die Modegecken, Pflastertreter,
die lieben kleinen süßen Mädel
in ihren hübschen engen Kleidern,
die jungen Herrn, so fesch und fein
in Mänteln von den besten Schneidern —
ich bitte sie, mir zu verzeihn.

Die Mädchen, die die Brüste zeigen,
um leichter Männer zu erwischen,
die Strolche, die nach Händeln äugen,
die Gaukler, die nach Diebstahl fischen,
die Lumpen, Dirnen, Hurentreiber,
die Tagediebe, Vogelfrei'n,
die Mordgesellen, Gauner, Räuber —
ich bitte sie, mir zu verzeihn.

Nicht so die Wachsoldatenhunde,
die jeden Abend, jeden Morgen
nur Rinde ließen meinem Munde,
auch sonst verursacht Mühn und Sorgen.
Ich möchte gerne sie verfluchen,
obgleich ich sterbenskrank. Allein
um weitre Händel nicht zu suchen,
bitt ich auch sie, mir zu verzeihn.

GELEIT.

Man schlage ihnen ihre Fressen
mit schweren Eisenhammern ein.
Im übrigen will ich vergessen,
und bitte sie, mir zu verzeihn.

BALLADE
UM ALS SCHLUSS ZU DIENEN.

Und hiemit schließt das Testament,
das euch François Villon beschert.
O kommt zur Leiche, falls ihr könnt,
wenn ihr das Sterbeglöcklein hört;
doch in zinnoberrotem Kleid:
er ist ein Märtyrer, der leidet.
Er schwört's bei seiner Männlichkeit,
bis er aus diesem Leben scheidet.

Und er spricht wahr. Von seinen Lieben
ward schon von je François Villon
mit Schimpf und Schmach davongetrieben,
so daß von hier bis Roussillon
kein Bäumchen, keine Hecke steht,
die ihn mit scharfem Dorn nicht schneidet
kein Wind geht, der ihn nicht verweht,
bis er aus diesem Leben scheidet.

Und naht einst seine Todesstunde,
besitzt er sicher keinen Fetzen;
die kaum vernarbte tiefe Wunde
wird stets die Liebe neu verletzen.
Von ihrem scharfen Dorne wird
das Leben täglich ihm verleidet,
so daß er ohne Ruhe irrt,
bis er aus diesem Leben scheidet.

GELEIT.

O seht, ihr Wirte, seine Pein
und seine Armut an. Drum kreidet
ihm täglich ein paar Liter Wein,
bis er aus diesem Leben scheidet.

NACHWORT.

François Montcorbier wurde 1431 zu Paris als der Sohn armer Eltern aus der niedrigsten Volksschichte geboren. Den Namen Villon nahm er von seinem „plus que père" Guillaume de Villon, einem Kaplan der Kirche St. Benoît le Bétourné zu Paris, an, der sich um seine jedenfalls arg vernachlässigte Erziehung kümmerte und ihn zu sich nahm. Er ermöglichte François auch den Besuch der Schule der Faculté des Arts, wo derselbe Latein, Logik und Rhetorik lernte. Später, aber nicht lang verdiente er seinen Lebensunterhalt als Schreiber bei einem Juristen. Der junge Bursche, der schon als kleiner Knabe jedenfalls in dem armen Viertel, wo seine Eltern wohnten, auf der Gasse so manches sah, was nicht gerade nach Moral roch, geriet leicht auf Abwege. Als armer Student, der wie seine Gefährten sein Brot durch Betteln verdiente, in elenden Quartieren hauste, dabei der Freund von Dirnen und Zuhältern war, führte er ein rechtes Lotterleben und zog bald die Aufmerksamkeit der Behörden auf sich. Heute war's ein gewöhnlicher Studentenrummel, morgen nahm er an einem Streich, den man ehrsamen Bürgern spielte, teil, ein anderes Mal war's eine Schlägerei in einer Taverne mit Gaunern und lichtscheuem Gesindel, oder eine Zechprellerei, oder ein Konflikt mit den Wachsoldaten, oder ein Handel wegen Dirnen — an allem nahm Villon teil. Und so kam er immer tiefer. Schließlich wurde er wegen Totschlages gelegentlich eines Streites um eine Frauensperson verfolgt. Er floh, blieb aber in der Nähe von Paris und trieb sich wie ein herrenloser Hund herum, natürlich auf Kosten anderer lebend. Hierbei geriet er in die Gesell-

schaft der coquillards, einer wohlorganisierten weitverbreiteten Gaunerbande, und wurde der Freund der berüchtigtsten Verbrecher. Dennoch gelang es ihm, zu erwirken, daß die Verbannung, die man über ihn in absentia verhängt hatte, aufgehoben wurde und er unbehelligt nach Paris zurückkehren durfte.
Allerdings zeigte er sich dieses Gnadenaktes nicht würdig. Nach einem in Gemeinschaft mit coquillards unternommenen Kirchenraub flüchtete er sich, nachdem er von seinen Gefährten im „Kleinen Testament" Abschied genommen hatte. Er gibt zwar in dem Gedicht die Grausamkeit seiner Geliebten, Catharine de Vausselles, als Grund zur Flucht an, aber in Wahrheit dürfte er befürchtet haben, daß man den Diebstahl und seine Mittäterschaft bald entdecken werde. Was denn auch geschah — und so war ihm der Aufenthalt in Paris abermals unmöglich geworden.
Auf seinen Wanderfahrten während der folgenden Jahre kam Villon sowohl an den Hof des Herzogs Charles d'Orléans als an den des Herzogs Jean II. de Bourbon. Beide, die an dem talentierten lustigen Liederdichter Gefallen fanden, unterstützten ihn mit Geld und hatten so das Glück, seine Wertschätzung zu erwerben. Immer aber unstet wandernd, hielt er's bei keinem lange aus.
Auf einmal sitzt er 1461 im Gefängnis zu Meung-sur-Loire, in das ihn der Bischof Thibaut d'Aussigny gesteckt hatte. Warum, weiß man nicht, jedenfalls aber nicht ohne Grund. Da stirbt aber der König Karl VII. im selben Jahre, und sein Nachfolger Ludwig XI. begnadigt gelegentlich seiner Durchreise durch Meung den Dichter, der bald darauf sein „Großes Testament" verfaßt.

Nicht lange darnach nach Paris zurückgekehrt, wurde er in Kurzem wegen eines Diebstahls ins Châtelet gesperrt, nachdem aber von seinen Freunden eine Bürgschaft erlegt worden war, wieder freigelassen. Aber auf wie lange? Bei einer nächtlichen Rauferei erkannte man ihn und verhaftete ihn tags darauf. Das Gericht unterzog ihn der Wasserprobe, fand ihn schuldig und verurteilte ihn zum Tode auf dem Galgen. Nun ging's ihm hart ans Leben. Da versuchte er das äußerste Mittel: in einer Ballade appellierte er an das Parlament, das wirklich das Todesurteil aufhob, ihn aber auf 10 Jahre der Stadt und des Stadtgebietes verwies. Von da ab weiß man nichts mehr über ihn, weder von seinem weitern Schicksal noch über seinen Tod.

Sein Leben spiegelt sich in seinen Werken deutlich wider. Auch da ist immer von einer nicht gerade gewählten Gesellschaft die Rede. Dirnen, Gauner, Zuhälter, verbummelte Studenten, Wirte von Diebsspelunken und ‚Nachtcafés" minderster Sorte sind seine Freunde, alle ehrbaren Bürger für ihn nur Objekte des Spottes und des Schabernacks, Wachsoldaten, Polizeipersonen, Gerichtsbeamte seine verhaßtesten Feinde. Ein hübsches charakteristisches Bild entwirft Armand Silvestre von seinem Tun und Treiben. Dazu lebte er noch in einer Zeit wo nach den verheerenden Kriegen mit England Plünderung und Rechtlosigkeit herrschten, Hungersnot und Pest das Land heimsuchten, Gewalttat und Verbrechen freies Feld fanden.

Die damalige Poesie schlug keine volkstümlichen Töne an. Die Minnesängerlyrik war verstummt und vergessen, die alten Epen verstaubten in Archiven und Klosterbibliotheken. Die Dichtungen der damaligen Zeit waren lang-

atmige, schwülstige „Romans", wie z. B. der von Villon erwähnte „Roman de la Rose", mit Allegorien, kaum verständlichen Bildern und Gelehrsamkeit angepfropft.
Da tritt Villon mit seinen satirischen Dichtungen auf, in denen er die damalige Geschmacksrichtung, Schwächen der Zeit und einzelne Persönlichkeiten geißelt, Literarisches und Persönliches, Allgemeines und Lokales bringt. Das „Kleine" wie das „Große Testament" sind nicht bloß Scherzgedichte, sondern auch Parodien. Sein unbarmherziger Spott, sein freilich heute (wegen Unkenntnis der Personen) oft kaum mehr verständlicher Witz, sein urwüchsiger natürlicher Ton, die oft naive, immer aber lebhafte und treffende Ausdrucksweise packen und machen ihn rasch bekannt. Nach faden Kuchen kräftiges Brot. Und das ist sein unschätzbares Verdienst, seine Stellung am Eingang der modernen französischen Literatur. Und das macht, daß er bis heute noch in Frankreich gekannt und gelesen ist.
Die vorliegende Übersetzung wurde nach der in jeder Hinsicht mustergültigen und vorzüglichen Ausgabe von Doktor Wolfgang von Wurzbach (Verlag von Fr. Junge, Erlangen 1903) hergestellt, der auch die obigen Lebens-und sonstigen Daten entnommen sind.

ANMERKUNGEN

Die nachstehenden Anmerkungen sind nach einigen Erläuterungen W. v. Wurzbachs [»Die Werke Maistre François Villons«, 1903] und Martin Löpelmanns [»Villon: Dichtungen«, 1951] sowie mehreren älteren Kommentaren zusammengestellt. Sie folgen der römisch bezifferten Strophenanordnung.

Das Kleine Testament

Zur Gattung des literarischen Testaments vgl. E. v. Jan (»Französische Literaturgeschichte«, 1949): »Lediglich in der Form seiner Dichtungen blieb Villon Vorgängern und Zeitgenossen verpflichtet ... So ist auch die Form des ›Testamentes‹ übernommenes Gut, denn verschiedene Rhétoriqueurs [= ›an der Rhetorik geschulte Männer‹, formalistische Lyriker des 14. und 15. Jahrunderts], u. a. E. Deschamps, haben Sinngedichte in der Form des Legates hinterlassen. Aber während es sich bei diesen um modisch bedingte Gelegenheitsprodukte handelt, nimmt Villon den Stoff aus allpersönlichstem Erleben« (S. 52).

Zur Strophenform: Alain Chartier (franz. Lyriker, gest. 1449) »hatte ... die metrische Form angewendet, welche sich früher nur vereinzelt findet, nach ihm jedoch das ganze Jahrhundert hindurch herrschend blieb, und in welcher sich auch Villons Werke fast ausschließlich bewegen. Es sind die achtzeiligen Strophen, deren jede drei Reime enthält, welche die charakteristische Stellung a b a b b c b c haben« (v. Wurzbach, S. 17). Die Reimtechnik weicht in der Übersetzung vom Original ab.

1. *Als ich, François Villon, noch ein Scholar und fünfundzwanzig Jahre war...*: Das »Kleine Testament« ist im Jahre 1456 entstanden. Zur Zeit, als Villon die vorstehenden Verse schrieb, hatte er Paris eines Totschlags wegen schon einmal verlassen müssen; nach bald erfolgter Begnadigung war er zurückgekehrt, doch nicht lange danach erneut

als Spießgeselle der »Muschelbrüder« durch einen Einbruch im Collège de Navarre straffällig geworden. Der aus diesem Grund abermals notwendige Abschied von Paris ist der eigentliche Anlaß für die Abfassung dieser ersten uns erhaltenen Dichtung Villons.
Vegetius: Auf welchen Ausspruch des lat. Schriftstellers (Ende des 4. Jahrhunderts n. Chr.) sich Villon beruft, ist fraglich.

IX. *Guillaume de Villon:* Pariser Kaplan, der den Dichter in seiner Jugend bei sich aufnahm und zu dessen Ehren sich dieser den Namen Villon beilegte.

X. *in Gold mein Herz* (d.h. kostbar eingefaßt): Damit erscheint das mittelalterliche Motiv von dem Ritter, der sein Herz sterbend der Geliebten weiht und es ihr als letztes Vermächtnis überbringen läßt, in neuem, persiflierendem Zusammenhang.

XI. *Ythier Marchant:* Ein Bekannter Villons (s. auch Gr. Test., LXXXIII).

XII. *Blaru:* Pariser Goldschmied von Pont-au-Change.
Saint-Amant: Er war im Jahre 1447 Beamter im königlichen Schatzamt. Über seine Beziehungen zu Villon ist nichts bekannt (s. auch Gr. Test., LXXXVI).

XIII. *Diurnist:* Hilfsschreiber.
Parlament: Unter Parlamenten sind im damaligen Frankreich königliche Gerichtshöfe zu verstehen.

XIV. *Ars memoriae* (= Gedächtniskunst): Sie war schon der Antike geläufig. Auch das Mittelalter kannte die Gedächtniskunst. Davon zeugt nicht nur die im 15. Jahrhundert häufig gedruckte »Ars memorativa«, sondern auch die Lehrtätigkeit des Petrus von Ravenna auf diesem Gebiet (gleichfalls 15. Jahrhundert).

XVI. *Cardon:* Es steht nicht fest, ob hiermit ein in den sechziger Jahren des 15. Jahrhunderts nachzuweisender Pariser Tuch- und Strumpfwarenhändler Jacotin Cardon gemeint ist oder ob man auf Grund der ihm vermachten »Reihe von Prozessen« auf einen Rechtsanwalt gleichen Namens schließen muß (s. auch Gr. Test., CXLVI).

XVII. *Montigny-Regnier* (eigtl. Regnier de Montigny): Er stammte aus einer Karl VII. nahestehenden feudalen Familie und wurde zu einem überaus übelbeleumdeten Subjekt. Seine kriminelle Laufbahn eröffnete ein Überfall in einem Bordell, der ihm Verbannung eintrug. Im Laufe der Zeit nach den verschiedensten Delikten mehrmals glimpflich davongekommen, ereilte den adligen Schwerverbrecher im Jahre 1457 sein Schicksal: der Tod durch den Strang.
Jehan Raguier: Siehe Gr. Test., XCIV und Anm.; hinsichtlich seines Bruders s. Anm. zu Kl. Test., XIX.

XVIII. *Ritter* (eigtl. Seigneur) *de Grigny:* Es handelt sich nach W. v. Wurzbach um den 1506 noch nachweisbaren Edlen Philippe Brunel, Herrn von Grigny (s. auch Gr. Test., CXXI, CLXXII). Unter Villons Schenkungen an ihn befindet sich noch das von Ammer nicht erwähnte Schloß Bicêtre, das zu des Dichters Zeiten bereits verfallen gewesen sein soll, so daß W. v. Wurzbach vermutet, mit dem am rechten Ufer der Seine gelegenen Schloß Nigon habe es wohl eine ähnliche Bewandtnis.
Moutonnier: Die Stelle ist unsicher bzw. ist über einen Zeitgenossen dieses Namens nichts bekannt.

XIX. *Jacques Raguier:* Er ist der Bruder des in Str. XVII genannten Jehan Raguier und war damals Advokat beim Parlament. Gestorben ist er als Bischof von Troyes 1518 (s. auch Gr. Test., XC, CLXII).
Loch »Zum Tannenzapfen«: seinerzeit bekannte Spelunke, deren Inhaber der im Gr. Test. genannte Robin Turgis war (s. Gr. Test., LXVII, LXXXVII, XC, XCII).

xx. *Maistre Basanier:* Notar am Kriminalgericht zu Paris (s. auch Gr. Test., CXXIII).
Jean Mautaint: Untersuchungsrichter ebendort (s. auch Gr. Test., CXXIII).
Fournier: Dies bezieht sich auf Jacques F., der zuletzt als Parlamentsrat fungierte und im Jahre 1465 starb (s. auch Gr. Test., LXXXIX).

XXI. *Jean Trouvé:* Über ihn wissen wir nichts.

XXIII. *Perrenet Marchant:* Siehe auch Gr. Test., LXVI, XCVI.

XXIV. *Cholet:* Er war Böttcher, später (bis 1465) Stadtpolizist, gehörte zu dem Bekanntenkreis des Dichters. Ein Streit mit Guy Tabarie, einem Komplicen Villons, verwickelte ihn in die Affäre des Einbruchs im Collège de Navarre (s. Anm. zu Kl. Test., I). Doch wird nicht er, sondern le Loup von W. v. Wurzbach als Fischer und Fährmann nachgewiesen (s. auch Gr. Test., XCVII).
Von *le Loup* (le Lou) ist darüber hinaus belegbar, daß er im Jahre der Abfassung des Kl. Test.s das Amt erhielt, die Stadtgräben zu säubern, das er nach Villons Anspielung zweifellos zu unbefugten Handlungen mißbrauchte. Auch er war ein Freund des Dichters (s. auch Gr. Test., XCVIII).

XXV. *Drei Arme:* Siehe auch Gr. Test., CXIV.

XXVIII. *Guillaume Cotin, Thibault Victry:* Dieser beiden Pariser Chorherren von Notre-Dame wird auch im Gr. Test., CXVIII, noch einmal gedacht.

XXXI. *Hofbarbier:* Der Name ist im Gr. Test., CXXXVII, genannt.

XXXIII. *Jehan* (de) *la Garde:* Wie Villon selbst sagt (in der Übersetzung ausgespart), Gewürzkrämer von Beruf (s. auch Gr. Test., CXXII und Anm., CLIX).
Höllenpest: eine im Mittelalter verbreitete Epidemie, vielleicht eine

Geschlechtskrankheit – nach anderer Meinung als Wundrotlauf anzusprechen.

XXXIV. *Nicolas* (de) *Louviers:* Er war damals Steuereinnehmer (s. auch Gr. Test., XCI).
Pierre de Rousseville: Er war der Pförtner von Schloß Gouvieux bei Chantilly.

XXXVI ff. Hierzu schreibt W. v. Wurzbach: »Die folgenden Strophen sind eine Satire der scholastischen Gelehrtheit jener Zeit und ihrer schwülstigen Ausdrucksweise, deren Termini technici meist auf Aristoteles' Schrift ›Über die Seele‹ (s. XXXVII, Vers 8) zurückgehen . . .« (S. 53/54).

XXXVI. *Frau Memoria:* Dies bezeichnet hier nicht das Gedächtnis, sondern die aristotelische »Vernunftseele«, personifiziert entsprechend den allegorisierenden Tendenzen besonders spätmittelalterlicher Dichtung.
potentias collaterales et alias intellectuales: Die zugeordneten Vermögen und andere solche, die sich auf das geistige Sein beziehen.

XXXVII. (potentia) *extimativa:* Fähigkeit, zu urteilen.
(potentia) *prospectiva:* Fähigkeit der Voraussicht.
(potentia) *similitiva:* Fähigkeit, nachzubilden.
(potentia) *formativa:* Fähigkeit des Gestaltens.
(potentia) *opinativa:* Fähigkeit der Vermutung und Einbildung.

XXXVIII. *Sensorium:* sensorium commune = Bezeichnung für das Zentrum des psychischen Erlebens.

Balladen

Die Bittschrift, die Villon dem Herzog von Bourbon überreichte.
Auf seiner Flucht nach dem mit einigen Spießgesellen begangenen Einbruch im Collège de Navarre (s. Anm. zu Kl. Test., 1) zog Villon ruhelos umher, wobei die einzelnen Stationen bis auf von ihm berührte Orte wie Roussillon (Isère), Bourg-la-Reine, Pourras, die Gegend von Poitou nicht bekannt sind. Fest stehen dagegen sein Aufenthalt am Hofe des dichtenden Herzogs Charles d'Orléans in Blois und der darauffolgende in der Residenz des Herzogs Jean II. von Bourbon in Moulins. Während die weniger bedeutsamen Gedichte aus der Bloiser Zeit in unsere Ausgabe nicht aufgenommen wurden, lernt der Leser die im 16. Jahrhundert besonders beliebte Ballade kennen, die Villon dichtete, um Jean II. um Geld anzugehen. Sie entstand vor oder um 1460.
Zur Form: Die Ballade besteht (in der Übersetzung nur z. T. erkennbar) aus drei gleichgebauten Strophen, die durch dieselben Reime und einen Refrain zusammengehalten werden. Jeder dieser Abschnitte umfaßt acht oder zehn Verse. Ein sog. Geleit schließt sich an und wiederholt noch einmal den Refrain.

Str. 1. *Fleuron de Lys* (= wörtlich Lilienzierat): diese Apostrophe ergibt sich dadurch, daß das bourbonische Wappen die Lilie ist.

Epistel an seine Freunde in Balladenform.
Nachdem der Dichter in den ruhelosen Jahren nach seiner Parisflucht von Ende 1456 einige Zeit uns unbekannten Bahnen folgt, steht am Schluß jener Wanderjahre seine Gefangensetzung durch den Bischof Thibault d'Aussigny in Meung-sur-Loire (1461). Die Strafe trug ihm zweifellos ein neuerlicher Einbruch in Montpipeau bei Meung ein. Aus dem Kerker richtete Villon, möglicherweise als heimliche Botschaft, die »Epistel« an seine Freunde.

Str. 2. *Rondeaux:* Siehe unten Anm. zu dem Rondeau nach Str. LXXXIII des Gr. Test.s.

Vierzeiler und folgende Stücke.
Nach seiner Entlassung aus dem Gefängnis zu Meung-sur-Loire finden wir Villon bald wieder in Paris. Hier geriet der inzwischen zum Dichter des Großen Testaments Gewordene in eine Affäre, der die vier letzten Stücke der in dieser Ausgabe übersetzten Gelegenheitsgedichte ihre Entstehung verdanken. – In Begleitung einiger Kameraden war Villon eines Abends an der Kanzlei des Maistre François Ferrebouc vorübergegangen, dessen Schreiber, von draußen gehänselt und verhöhnt, schließlich herausstürzten und mit den Straßenpassanten ins Handgemenge kamen. Obwohl der Dichter sich, sobald man ernstlich aneinandergeriet, in seine Wohnung begab, verhaftete man ihn wegen der mit Blutvergießen verbundenen Schlägerei. Der Polizei nur zu gut bekannt, wurde er der Wasserprobe unterworfen und ihrem Ergebnis gemäß zum Tode durch den Strang verurteilt.

Der Rekurs Villons ...
Gedichtet nach der Verwandlung der Todesstrafe (s. o.) in zehnjährige Verbannung (Januar 1463).

Ballade vom Appell Villons.
Sie ist gerichtet an Villons Kerkermeister, Etienne Garnier; über die näheren Umstände von Villons Berufung auf seine Verurteilung hin ist nichts bekannt (Löpelmann stellt sogar einen völlig anderen Zusammenhang her).

Str. 2. *Châtelet:* das Kriminalgericht.

Geleit. *Wär ich damals an Pips erkrankt:* Das heißt, da der Pips mit Schluck- und Atemhemmungen verbunden ist, hätte ich damals geschwiegen ...

Das Große Testament

I. *Thibault d'Aussigny:* Siehe Anm. zu »Epistel an seine Freunde«. Das Gr. Test. ist ja unmittelbar im Anschluß an die Befreiung aus den Kerkern des Bischofs entstanden.

VI. *Chrisam:* Das sich aus Olivenöl und Balsam zusammensetzende Salböl, das in der katholischen Kirche zum Gründonnerstag vom Bischof geweiht wird.
Hundertneunter Psalm, Vers acht: Nach der üblichen Interpretation dieser Stelle wäre hierfür der Vers »Fiant dies eius pauci et episcopatum eius accipiat alter« heranzuziehen. Diesen Worten würde Villon dann den Sinn entliehen haben: Mögen seine Tage gezählt sein, und möge sein Bistum ein anderer empfangen!

VII. *König Ludwig:* Ludwig XI., der Villon auf seiner Krönungsreise durch Meung – die Gefangenen der berührten Städte erhielten üblicherweise Amnestie – aus dem Kerker befreite.

VIII. *Jakob:* Gemeint ist der Stammvater Israels.

IX. *St. Martial:* Der hl. Martial, gest. als Märtyrer um 350, steht an sich nicht im Rufe besonderer Mildherzigkeit und Güte. Weshalb Villon gerade ihn hier anführt, ist undeutlich.

XIII. *Emmaus:* Vgl. Evangelium des Lukas, Kap. 24, wo Jesus zweien der nach seiner Auferstehung ratlosen Jünger vor Emmaus erscheint und neue Hoffnung gibt.

XV. *»Man richte jugendlich Geblüt . . .« usw.:* Hierfür hat W. v. Wurzbach nachgewiesen, daß das Zitat nicht im Rosenroman – der berühmten, von Guillaume de Lorris begonnenen und von Jean de Meung fortgesetzten allegorisierenden Versdichtung des 13. Jhs. –, sondern in Jean de Meungs »Testament et Codicille« seine fast wörtliche Entsprechung hat.

xx. *Cicero:* Ammer setzt hier Cicero – ein Fragment des Römers gäbe allenfalls einen Hinweis für die erzählte Alexander-Anekdote – anstelle des im Original genannten Valerius. Bei ihm dachte ältere Forschung allgemein an Valerius Maximus aus dem 1. Jh. n. Chr., den Urheber einer neun Bücher umfassenden Anekdotensammlung, was schwerlich auf die rechte Fährte führte. Villons Angabe ist jedoch gerechtfertigt, wenn man auf den für die mittelalterlichen Fassungen des Alexanderstoffes so bedeutsamen lateinischen Bearbeiter des griechischen Alexanderromans zurückgeht: auf Julius Valerius (um 300 n. Chr.).

xxvii. *Des Weisen Worte:* in dem dem König Salomo zugeschriebenen alttestamentlichen Buche »der Prediger« heißt es: »So freue dich, Jüngling, in deiner Jugend ...« (Pred. 11,9) und: »... Kindheit und Jugend ist eitel.« (Pred. 11,10).

xxviii. *Wie Job floh mir das Leben hin* usw.: Im alttestamentl. Buch Hiob (= Job) heißt es: »Meine Tage sind leichter dahingeflogen denn eine Weberspule und sind vergangen, daß kein Aufhalten dagewesen ist.« (Hiob 7,6).

xxxiii. *Omnium ultimus:* der letzte von allen.
Was ich geschrieben, bleibt: Worte des Pilatus bei Joh., Kap. 19,22: »Was ich geschrieben habe, das habe ich geschrieben.«

xxxvii. *Dann ist von einem jede Kunde* usw.: Vgl. Psalm 37, Vers 10: »Es ist noch um ein kleines, so ist der Gottlose nimmer; und wenn du nach seiner Stätte sehen wirst, wird er weg sein.«

xxxix ff. Ganz im Sinne des bes. spätmittelalterlichen Gedankenguts über den Tod.

Ballade von den Frauen vergangener Zeiten
Allgemeines: Den Einschub von Balladen finden wir nach W. v. Wurzbach auch in mehreren autobiographischen und allegorischen Dichtungen des Historikers und Poeten Jean Froissart (1337 bis etwa

1410) sowie im »Livre de la prison« (Buch aus dem Gefängnis) von Charles d'Orléans, dem dichtenden Fürsten und zeitweiligen Gönner Villons. Obige Ballade nun, die den Reigen eröffnet, gehört zu den beliebtesten Stücken Villonscher Poesie; ihr Refrain gehört dem französischen Zitatenschatz an.

Str. 1. *Flora:* Römische Göttin der Blumen.
Archipiada: Wohl eine Verballhornung, möglicherweise von Archippa (Name der Geliebten des Sophokles).
Thaïs: Berühmte athenische Buhlerin und Geliebte Alexanders des Großen. – Die Bemerkung über die Verwandtschaft mit Archipiada nach Wurzbach nur aus Reimgründen.
Echo: Nymphe der römischen Mythologie. Ihre nur das letzte Wort wiederholende Stimme rührt von einer Strafe Junos her.

Str. 2. *Abaelard:* Der berühmte scholastische Philosoph (1079–1142), bes. in Paris als Lehrer tätig, war der Liebhaber der Héloïse, der Nichte des Kanonikus Fulbert. Da die Verbindung das Mißfallen des Onkels erregte, wurde Abaelard von dessen Leuten überfallen und entmannt, worauf er, wie Héloïse, in ein Kloster eintrat.
Und die (Maguerite) *Buridan sich schenkte* usw.: Zu der Sage um den Turm von Nesle und jene hier der Wollust huldigende Königin, die sich ihrer Liebhaber durch Ertränken in der Seine entledigte – der berühmte Scholastiker Jean Buridan (gest. um 1360) soll in seiner Jugend als einziges ihrer Opfer lebend entkommen (!) sein – vgl. Martin Löpelmanns wertvolle Angaben in: Villon, Dichtungen, Stuttgart 1951, S. 228 f.

Str. 3. *Königin Blanca:* Es ist unklar, ob damit die Gattin des kastilischen Königs Pedro des Grausamen (1350 bis 1369), Blanca von Bourbon, oder die Gattin des französischen Königs Ludwig VIII. (1223–1226), Blanca von Kastilien, oder die Gemahlin des französischen Königs Karl des Schönen (1322–1328), Blanca von Burgund, gemeint ist.

Berta mit den großen Füßen: Die Tochter des Grafen Charibert von Laon, Gemahlin Pippins des Kleinen (751–768), Mutter Karls des Großen; Titelgestalt eines altfranzösischen Epos von Adenet le Roi (13. Jh.).
Eremburg: Die Tochter eines Grafen du Maine, des Elie de la Flèche (gest. 1110), trägt diesen Namen, dem wir jedoch auch in einer altfranzösischen Romanze von der Liebe der Kaisertochter Eremburg zum Grafen Rainald begegnen.

Die Klage der schönen Helmschmiedgattin
Zur Form: Wir haben einen sog. Dit vor uns, worunter man eine in satirischer oder didaktischer Absicht verfaßte Erzählung nicht allzu großen Umfangs versteht, deren Form metrisch beweglicher ist als die der Ballade.

Ballade der schönen Helmschmiedgattin ...
Str. 6 ff.: eine Parodie der im Minnesang üblichen Aufzählung weiblicher Schönheitsattribute.

XLVII. *Phryne:* berühmte griechische Kurtisane des 4. Jhs. v. Chr.

LII. *d'accord:* einig.

Ballade von den Torheiten der Liebe
Zur Form: Metrisch keine eigentliche, sondern eine freier gebaute und des Refrains und Geleits entbehrende Ballade.

Str. 1. *König Salomon:* »Aber der König Salomo liebte viel ausländische Weiber ... Und da er nun alt war, neigten seine Weiber sein Herz fremden Göttern nach, daß sein Herz nicht ganz war mit dem Herrn, seinem Gott ...« (1. Buch der Könige, Kap. 11, 1/4).
Simson: Simson brachten seine Feinde, die Philister, mit Hilfe seiner Geliebten, Dalila, in ihre Gewalt, blendeten ihn, kerkerten ihn ein und demütigten ihn; sterbend aber rächte er sich. (Vgl. Buch der Richter, Kap. 16).

Str. 2. *Narziß:* Dieser Jüngling verzehrte sich der Sage nach in Sehnsucht nach seinem eigenen Spiegelbild. Sein Tod in jenem Quell, der ihm das geliebte Bild seiner selbst vorgaukelte, ist spätere Erfindung.

Str. 3. *Sardanapal* (eigt. Asurbanipal): König der Assyrer seit 669 v. Chr., wurde bes. von den Griechen, historisch wenig gerechtfertigt, als Prototyp eines Schwelgers und entarteten Lüstlings angesehen.
David: Er erregte durch die widerrechtliche Ehelichung Bathsebas, die er beim Bade gesehen und darauf begehrt hatte, den Zorn Gottes (vgl. 2. Buch Samuel, Kap. 11).

Str. 4. *Amnon:* Die Geschichte der Blutschande Amnons erzählt das 2. Buch Samuel, Kap. 13.
Herodes: Die Geschichte von der Enthauptung Johannes' des Täufers, dessen Kopf sich Herodes' Stieftochter Salome als Belohnung für ihren Tanz ausbedang, lesen wir im Evangelium des Matthäus, Kap. 14,3–12, oder in dem des Markus, Kap. 6,17–29.

Str. 5. *Catherine:* Es handelt sich um die Geliebte des Dichters, Catherine de Vausselles, über deren Wesen sich der Dichter schon zu Beginn des Kl. Test.s (s. bes. III) beklagt.
Noël: Siehe auch Gr. Test., CXXXV.

LVII f. Solche Aneinanderreihungen waren schon bei den Troubadours beliebt: »Alles beut sich mir in Kehre: / Holde Ebnen sind die Berge, / Blumen, was da schneit und hagelt, / Wärme, was als Kälte schneidet; / Donner klingt wie zartes Tuten, / Grün erblick ich dürre Ruten ...« heißt es z. B. in der »Kanzone von Winter und Liebe« von Raimbaut d'Aurenga nach der Übertragung von Franz Wellner.

LXII. *Jeanneton:* Wohl eins der leichtfertigen Mädchen, mit denen der Dichter bekannt war. Sie wird später noch einmal genannt (CXX), nur hat Ammer ihren Namen irrtümlicherweise mit Jeannot (= Hänschen) wiedergegeben.

LXIII. *Tacque Thibault:* Villon legt hier dem Bischof von Meung (s. Anm. zu »Epistel an seine Freunde«) den Namen eines berüchtigten Günstlings des Herzogs Jean de Berry (14. Jahrhundert) bei.
und reliqua: und das übrige.

LXIV. *Robert, der große Richter:* Identisch mit Robert Valée aus dem Kl. Test. (XIII—XV)?

LXVI. *Marchant (de) la Barre:* Der gleiche Legatar wie im Kl. Test., XXIII.

LXVII. *Provins, Robin Turgis, Moreau:* Wahrscheinlich drei Inhaber der von Villon besuchten Schenken. Turgis war der Besitzer der Taverne »Zum Tannenzapfen« (vgl. Kl. Test., XIX; Gr. Test., LXXXVII, XC, XCII).

LXVIII. *Fremin:* Siehe Str. XLVII.

LXXII. *Christi Gleichnis vom Reichen:* Vgl. Lukas 16, 19 ff.

LXXVII. *Guillaume de Villon:* Siehe Anm. zu Kl. Test., I und IX.

LXXVIII. *»Roman vom Teufelsdreck«:* Da Ammers Übesetzung der Auffassung W. v. Wurzbachs folgt, zitieren wir letzteren zum Verständnis dieser und der Stelle in Str. CXXVII: »Während der Universitätsunruhen des Jahres 1451 entfernten die Pariser Studenten einen großen Stein, genannt ›Pet-au-Deable‹ (= Teufelsfurz), welcher dem gleichnamigen Hause als Grenzstein diente, von seinem Platze, was zu großen Skandalen Anlaß gab. Das Hôtel du Pet-au-Deable gehörte damals der (Gr. Test., CXXVII) erwähnten Mlle. de Bruyères. Ohne Zweifel bildeten die Vorgänge dieser Tage den Gegenstand des verlorenen Romans (sofern dieser überhaupt existierte). Der Titel desselben nimmt sich aus wie eine Satire auf die allegorischen Romane des 15. Jahrhunderts...« (S. 94).

Tabarie: Er war ein Spießgeselle Villons, besonders beim Einbruch im Collège de Navarre (s. Anm. zu Kl. Test., 1.).

Ballade, die Villon auf Verlangen seiner Mutter machte, um zu Maria zu beten
Str. 2. *Ehebrecherin:* Gemeint ist wohl Maria von Ägypten (Villon: Verzeih mir wie der Ägypterin). Diese lebte nach der Legende in der Jugend ausschweifend und brachte nach ihrer Bekehrung alsdann siebenundvierzig Jahre als Büßerin in der Wüste zu. Sie wurde heiliggesprochen.
Theophil: Die Sage von dem Bistumsverweser in Adana (Kleinasien), der sich dem Teufel verschrieb, aber auf seine Reue hin durch Maria Begnadigung erlangte, ist ein Gegenstück zur Faustsage. Villon konnte den Stoff den mittelalterlichen Mirakelspielen entnehmen.

LXXX. *Und meiner Liebe hinterlass'* ... usw.: Wenn Villon sagt, er hinterlasse seinem Mädchen weder Leber noch Herz, so spielt er wieder parodistisch auf die Gepflogenheit der Helden ritterlicher Dichtung an, das Herz sterbend der Geliebten zu vermachen (s. auch Kl. Test., X und Anm.).

LXXXIII. *Ythier Marchant:* Siehe Kl. Test., XI.
De profundis: Anfangsworte des 130. Psalms, eines Bußpsalms, der bes. bei der Einsegnung der Leichen gesungen wird.
Rondeau (nach Str. LXXXIII).
Zur Form: Ursprünglich einstrophig, wird diese mittelalterliche Liedform in späterer Zeit zweistrophig. Doch behält sie ihr Merkmal: die besondere »abrundende« Stellung des Refrains, der in der Wiederkehr des Gedichtanfangs besteht.

LXXXIV. *Jean Cornu:* ein Gerichtsbeamter; in welcher Weise er damals dem Dichter nähertrat, ist nicht zu entscheiden.

LXXXVI. *Saint-Amant:* Siehe Kl. Test., XII und Anm.

LXXXVII. *Denis Hesselin:* Er ist später als höchster Beamter des Pariser Magistrats und der Kaufmannschaft nachweisbar.
Turgis: Siehe Anm. zu LXVII.

LXXXVIII. *Charruau:* 1449 als Magister der freien Künste nachweisbar.
Marchant: Siehe Gr. Test., LXXXIII, und Kl. Test., XI.

LXXXIX. *Fournier:* Siehe Kl. Test., XX und Anm.

XC. *Jacques Raguier:* Siehe Kl. Test., XIX und Anm.
Loch »Zum Tannenzapfen«: Siehe Kl. Test., XIX und Anm.

XCI. *Merebeuf:* Er war Tuchhändler.
Louviers: Dieser ist uns schon aus dem Kleinen Testament bekannt (s. dort Str. XXXIV und Anm.); er starb 1483.

XCII. *Turgis:* Siehe Gr. Test., LXVII und Anm.

XCIII. *Saint-Generoux:* Das Dörfchen liegt bei Saint-Julien-de-Vovantes (Loire-Inférieure).

XCIV. *Jean Raguier:* Der Bruder von Jacques R. (s. Gr. Test., XC, und Kl. Test., XIX und Anm.).
Korps der Zwölf: »Zwölf Sergeanten waren dem Prévôt von Paris [oberst. Richter und Vertreter des Königs in der Hauptstadt] besonders beigegeben und vertraten bei ihm Wachdienste.« (Jannet).
Bailly, Jean de: Parlamentsbeamter.

XCVI. *Perrenet der Bastard:* Identisch mit dem in Kl. Test., XXIII, und im Gr. Test., LXVI, Genannten.
das Wappen Herrn Papas usw.: Dahinter steckt noch ein anderer Sinn, denn wörtlich heißt es: »Ich vermache Perrenet . . . für sein Wappenschild, anstelle der Barre, drei großflächige, mit Blei gefüllte Würfel.« P. Jannet merkt dazu an: »Die Barre ist ein Teil des Wappens, das die

uneheliche Geburt anzeigt. Villon vermacht dem Bastard de la Barre drei Falschwürfel, die er an ihrer Stelle in sein Wappenschild setzen soll.«

XCVII. *Cholet:* Siehe Kl. Test., XXIV und Anm.

XCVIII. *Jean le Loup:* Siehe Kl. Test., XXIV und Anm.

XCIX. *Jean Mahé:* Nach W. v. Wurzbach eingesetzter Name; die Stelle ist unsicher.

CII. *Robinet Trascaille:* Er war zur Zeit der Abfassung des Gr. Test.s Steuereinnehmer zu Château-Thierry, dann königl. Sekretär.

CIII. *Bourg-la-Reine:* Dieses Dorf liegt südlich von Paris.

CIV. *Filles dévotes:* Eine Gemeinschaft, die der Pariser Bischof Guillaume de Seignelay für reuige Sünderinnen stiftete und die sich eigentlich »Filles Dieu« nannte.

CVI. »Die Angaben in der ganzen Strophe sind leider so unbestimmt, daß man damit nicht viel anfangen kann. Der Sinn der Strophe ist jedenfalls: man möge seine böse Zunge nicht so über die Geistlichkeit wetzen und auch die Frauen nicht herabsetzen.« (Löpelmann, a.a.O., S. 235).
Jean de Meung: Der bereits erwähnte Dichter des 13. Jahrhunderts, der den Rosenroman in stark frauenfeindlichem und bürgerlich-nüchternem Sinne fortsetzte.
Poullien (bei Ammer wegen des Reims statt des ohnehin verballhornten »Poullieu«): nicht klar erweisbar.

CX. *de la Vacquerie:* Er war damals Pfarrer von Argenteuil bei Paris.

CXI. *Jean Laurens:* Pariser Geistlicher.

Ballade und Gebet
Str. 1. *Noah:* Vgl. 1. Mose 9,20
Lot: Vgl. 1. Mose 19,30–36

CXIII. *Sire Merle:* Er soll ein bekannter Finanzmann gewesen sein.

CXIV. *Auf meiner Fahrt:* In seinen Wanderjahren von 1456 bis 1461.
meine armen Waisenknaben: Siehe Kl. Test., XXV, XXVI

CXV. *Richier:* Professor an der Theologischen Fakultät in Paris.

CXVII. *Jean Cotart, der vor Gericht mein Anwalt war ...:* Über die Gelegenheit, bei der C. als Anwalt fungierte, gibt Villon selbst (in der Übers. weggelassen) die Injurienklage einer gewissen Denise an. Näheres über die Person dieser Denise und den Prozeß ist nicht bekannt. Jannet nennt als Zeitpunkt der Verteidigung durch C. das Jahr 1456, geht aber – wie allgemein von einer veralteten Rekonstruktion der Biographie Villons – von der Identität Catherine de Vausselles' mit jener Denise und von einem dem Dichter durch sie *gerichtlich* erwirkten Strafmaß aus (vgl. »Ballade von den Torheiten der Liebe«, vorletzte Str., die in diesem Sinne ausgelegt wird).

CXVIII. *Cotin, Victry:* Siehe Kl. Test., XXVIII und Anm.

CXX. *Cul d'Oue:* zweifellos einer von Villons Kumpanen. Die Dirne Jeanneton scheint dem Zusammenhang nach auch ihm eine alte Bekannte gewesen zu sein.
Mosis Manna: Vgl. 2. Mose 16,4 ff.
Jeannot: Siehe Anm. zu Gr. Test., LXII.

CXXI. *Seigneur Grigny:* Siehe Anm. zu Kl. Test., XVIII.
Vicêtre (= Bicêtre): Siehe Anm. zu Kl. Test., XVIII.

CXXII. *Und item Herrn Thibault la Garde usw.:* Wörtlich: »Item Herrn Thibault de la Garde – Thibault? Ich spreche unwahr: er heißt

Jehan – . . .« Gemeint ist also der schon aus dem Kl. Test., XXXIII, bekannte Jehan (= Jean) de la Garde. Die angebliche – bei Ammer weggelassene – Verwechslung dient zur spöttischen Hervorhebung des wirklichen Vornamens, denn »jean« bedeutet auch heute noch soviel wie »Hahnrei«.

CXXIII. *Basanier:* Siehe Kl. Test., XX und Anm.
Châtelet: der Name zweier Festungen des alten Paris, von denen die erste (Grand Châtelet, hier zutreffend) der Sitz des Kriminalgerichts, die zweite (Petit Châtelet) ein Gefängnis war.
Mautaint: Siehe Kl. Test., XX und Anm.

CXXIV f. Der Zusammenhang deutet neuerlich auf einen nicht ganz sauberen Punkt in Villons Vergangenheit hin. Näheres darüber wie über die Rolle der Brüder Perdrier wissen wir jedoch nicht.

Die Ballade von den bösen Zungen
Das darin Angeführte ist tief dem obskuren Brauchtum und Vorstellungskreis des Mittelalters verhaftet, so z. B. wenn von dem von Barbieren bei Neumond getrockneten Blut die Rede ist (Menstruationsblut, das zur Bereitung von sogenannten Liebes- und anderen Zaubertränken diente).

CXXVI. *Courault:* In den fünfziger Jahren des 15. Jahrhunderts als Anwalt beim Parlament tätig.

Ballade vom angenehmen Leben
Sie ist eine Parodie auf das das Landleben feiernde »Gedicht von Franc Gontier« des Philippe de Vitry, Bischofs von Meaux (gest. 1361), und gewinnt sozialkritischen Charakter in zwiefachem Bezug durch die Worte, mit denen sie angekündigt wird (bei Ammer stark gerafft). Der Dichter führt aus, dem armen Mann in seinem Überdruß verbiete Salomo, dem Mächtigen zu trotzen, damit er sich nicht in des letzteren Fallen verwirre. Gontier nun sei nicht als Herr zu fürchten – er gebiete

über niemanden –, habe auch nicht mehr als er, Villon, aber zwischen ihnen gäbe es einen anderen Streit: Gontier preise seine Armut, preise, sommers wie winters besitzlos zu sein, und sehe als Glück an, was er, der Dichter, für Unglück halte. »Wer hat unrecht? Nun, darum geht der Streit!« Hierauf folgt die Ballade. – Neben der Anklage der Besitzenden muß man also die scharfe Wendung gegen den Lobpreis der Besitzlosigkeit vor Augen haben.

Str. 1. *Sidonie:* Als Personifikation der Üppigkeit.

CXXVII. *Mlle. Bruyères:* Siehe Anm. zu LXXVIII.
»*Äbtissin*« und »*Nönnchen*« sind natürlich ironische Ausdrücke.

Ballade von den Frauen von Paris
CXXVIII. *Makrobius:* Auf welches Werk und welche Stelle des lateinischen Schriftstellers Makrobius (um 400 n. Chr.) angespielt wird, ist nicht ersichtlich.

CXXXII. *Pères Chartreux:* Brüder des Einsiedlerordens der Kartäuser.

Ballade von Villon und der dicken Margot
»Das Gedicht kann als Prototyp der sog. ›Sotte chanson‹, d. h. einer Parodie auf die konventionelle, höfische Liebespoesie jener Zeit, gelten.« (W. v. Wurzbach, S. 130).

CXXXV. *Noël Joliz:* Siehe »Ballade von den Torheiten der Liebe«, Str. 5. Anspielung auch im Kl. Test., III.

CXXXVII. *Hofbarbier Galerne:* Er ist schon im Kl. Test., XXXI, aufgetreten. Als sein Nachbar ist tatsächlich ein Kräuterhändler namens Angelot Baugis belegbar.

Wohlgemeinte Lehre, die Villon den verlornen Kindern gibt.
Str. 1. *Colin de l'Escailler:* Mitglied der Bande der coquillards (»Muschelbrüder«), der auch Villon angehörte.

Ballade des guten Rates ...
CXLII ff. »Wohl nie ist der Todes- und Vergänglichkeitsgedanke so eindringlich dargestellt worden wie im 15. Jahrhundert. Es war die Zeit, in der das Wort macabre in Gebrauch kam und die Totentänze in Malerei und Schrifttum auftauchten ... Die Vorstellung des Totentanzes, die bei den Rhétoriqueurs [den konventionellen Lyrikern des 14. und 15. Jahrhunderts] noch ausgesprochen lehrhaft wirkt, wird bei Villon zu einem Bild von stärkster künstlerischer Kraft.« (E. v. Jan, a.a.O., S. 50 und 53).

CXLVI. *Cardon:* Siehe Anm. zu Kl. Test., XVI.

Rondeau (nach Str. CXLVI)
Zur Form: Siehe »Rondeau« nach Str. LXXXIII.
Str. 1. *Bei meiner Wiederkehr* usw.: Bezieht sich natürlich auf die Haftzeit in Meung-sur-Loire von 1461 (s. bes. Anm. zu »Epistel an seine Freunde«).

CXLVII. *Lomer:* Über ihn ist nichts bekannt.

CXLIX. *James:* Über ihn ist nichts bekannt.

CL. *Louis de Bourbon:* Er war seit 1460 Seneschall von Bourbonnais. Er war der natürliche Bruder des Herzogs Jean II. von Bourbon, des vorübergehenden Gönners Villons.

CLI. *Chevalier du Guet* (= »Ritter vom Wachdienst«): Entweder der reguläre Titel des Kommandanten der Stadtwache oder nach anderer Meinung ein Spitzname.
Philibert, Marquet: Über sie ist nichts bekannt.

CLII. *Chappelain* (= Kaplan): Dieser Name wird von Villon offenbar nur zu einem Worspiel mit »chapelle« (im vorliegenden Text: Kirchlein) benutzt.

CLIII. *Jean de Calais:* Über die evtl. Beziehungen Villons zu ihm und einen bes. Anlaß seiner Nennung an dieser Stelle ist nichts bekannt.

CLV. *St-Avaye* (eigtl. Ste-Avoye): Hierzu muß man wissen – vgl. Vers 7/8 – daß die genannte Kirche »die einzige von Paris ist, die nicht zu ebener Erde liegt«. (Jannet).

Rondeau für den armen Villon
Str. 2. *Strenge verjagte den armen Wicht* usw.: Wieder eine Anspielung auf die Wanderjahre von 1456 bis 1461.

CLIX. *Vollant:* Über ihn ist nichts bekannt.
Jean de la Garde: Siehe Kl. Test., XXXIII und Anm., sowie Gr. Test., CXXII und Anm.

CLX. *Drum schreib:* Vgl. LXVIII, Vers 3, und LXIX, Vers 3 ff.

CLXI. *Bellefaye:* Er bekleidete nacheinander mehrere hohe Ämter in der Verwaltung und starb 1502.
Colombel: Er war zuletzt königlicher Rat.
Jouvenel: Er war höchster Gerichtsbeamter in Troyes.

CLXII. *Brunel:* Siehe Kl. Test., XVIII und Anm.; Gr. Test., CXXI.
Jacques Raguier: Siehe Kl. Test., XIX und Anm., sowie Gr. Test., XC.

CLXIII. *James:* Siehe CXLIX.

CLXIV. *Tricot:* Ein Studiengenosse Villons.

CLXV. *Guillaume du Ru:* Zunftmeister der Weinhändler.

Rainer Brambach
Heiterkeit im Garten
Das gesamte Werk

Diese Ausgabe sammelt erstmals nahezu lückenlos alle veröffentlichten und unveröffentlichten Werke Rainer Brambachs.

»Das Rätsel bleibt, wie aus dem verkrachten Malergesellen aus der Sankt-Johann-Vorstadt in Basel einer der originellsten Dichter deutscher Sprache werden konnte. Ein Dichter, den Heidegger bestaunte, dem Paul Celan seine Reverenz erwies und dem auch von akademisch geschulten Lyrikern wie Peter Huchel, Günter Eich oder Hans Magnus Enzensberger Anerkennung und Bewunderung zuteil wurde. Sie haben wohl alle gespürt, daß ihm in der Stille gelang, worüber andere nur lautstark geredet haben – dem Wort seine Wirklichkeit zurückzugeben.«
Frank Geerk im Nachwort

»Eine beinahe zeitlose Einzigartigkeit umgibt diesen Dichter und wird die Dauerhaftigkeit seines wertvollen Werkes sicherstellen.«   *World Literature Today*

»Ein Lyriker, außerhalb der Moden, der Cliquen, der Tendenzen: ein Œuvre, das bleiben wird.«
Die Zeit, Hamburg